La Psychologie de la Richesse

L'Argent, un Serviteur, pas un Maître

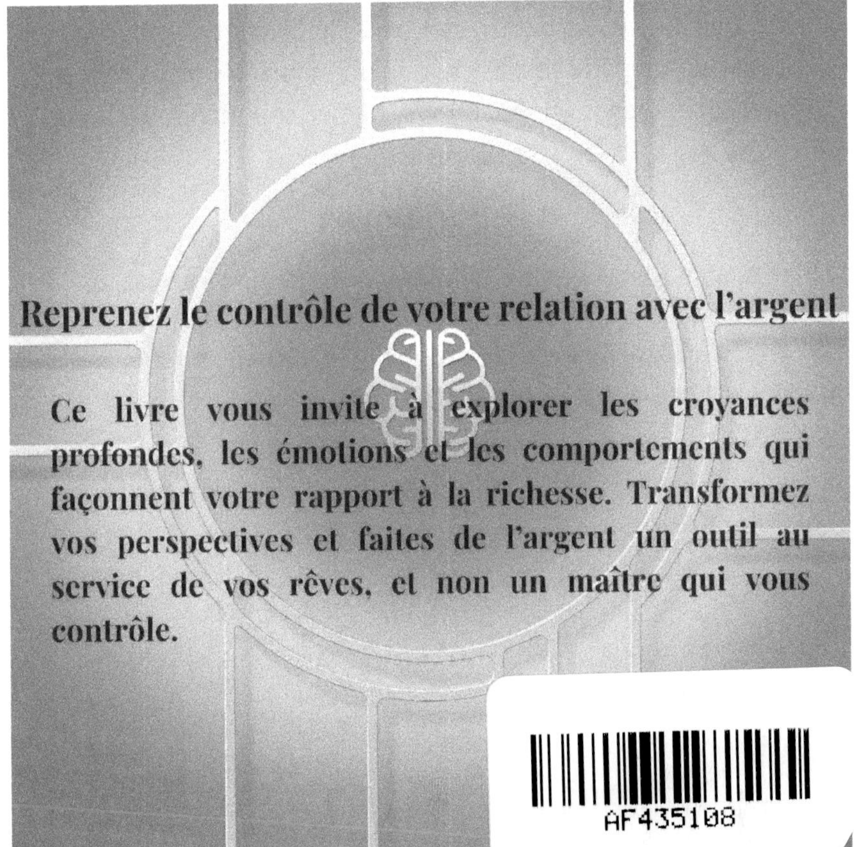

Que révèle votre rapport à l'argent sur vous-même ? Êtes-vous prêt à redéfinir votre richesse et à bâtir un avenir aligné sur vos valeurs ?

Ed Merid

Table des matières

Prologue : Une Nouvelle Perception de la Richesse

Il y a quelques années, je me suis retrouvé face à une question qui semblait banale, mais qui m'a bouleversé dans ses implications. Un soir, un ami proche m'a demandé :"Si tu avais tout l'argent dont tu rêves, que changerais-tu dans ta vie ?"

Je me suis surpris à hésiter. Les réponses habituelles – acheter une maison plus grande, voyager aux quatre coins du monde, ou ne plus jamais travailler – se pressaient dans ma tête, mais sans conviction. Je me suis alors rendu compte que ces rêves-là n'étaient pas vraiment les miens. Ils étaient les échos d'une société qui nous enseigne dès l'enfance que le bonheur se mesure à l'épaisseur de nos portefeuilles et aux objets que nous possédons.

Pourquoi cherchons-nous tant à accumuler de l'argent Pourquoi croyons-nous qu'il détient le pouvoir d'apporter la sérénité ou le bonheur ? En étudiant cette question, j'ai découvert que l'argent ne nous façonne pas seulement extérieurement, par les choses qu'il peut acheter, mais aussi intérieurement. Notre perception de la richesse influence qui nous devenons, comment nous traitons les autres et, surtout, comment nous nous percevons nous-mêmes. Et pourtant, bien trop souvent, l'argent devient le maître, nous enfermant dans une course sans fin vers une satisfaction qui semble toujours hors de portée.

En écrivant ce livre, j'ai voulu proposer une approche nouvelle et plus humaine de la richesse. Parce que la vraie richesse, ce n'est pas l'accumulation sans fin de chiffres sur un compte bancaire. C'est d'abord un état d'esprit, une manière de penser l'argent qui nous libère plutôt que de nous enchaîner.

Nous allons ensemble explorer l'argent comme on n'en parle presque jamais : non pas comme une finalité, mais comme un moyen, un outil. Imaginez un instant que votre rapport à l'argent devienne serein, que chaque choix financier que vous faites reflète vos valeurs et serve un objectif qui vous dépasse. Imaginez-vous réveillé chaque jour sans cette crainte de manquer, ni ce besoin de prouver votre valeur par la quantité d'argent que vous possédez. Imaginez que l'argent devienne ce qu'il a toujours dû être : un serviteur discret, humble, efficace.

En chemin, nous visiterons des histoires du passé, des perspectives philosophiques et des concepts de psychologie. Vous découvrirez les fondements de la richesse mentale, qui précèdent toujours la richesse matérielle, et comment chacun peut transformer sa vision de l'argent pour en faire un levier de liberté.

Mon souhait, en partageant ces pages, est de vous offrir une boussole. Pas pour accumuler plus, mais pour vous aider à redéfinir ce que signifie être véritablement riche. Une richesse qui, une fois acquise, ne dépendra plus jamais des aléas du monde, mais de votre propre paix intérieure. Car en fin de compte, la véritable abondance n'est jamais dans ce que nous possédons, mais dans ce que nous devenons.

Introduction

L'argent. Ce simple mot peut évoquer tant de choses à la fois : pouvoir, sécurité, liberté, mais aussi stress, jalousie ou insécurité. Depuis notre plus jeune âge, il s'insinue dans nos vies, influençant nos décisions, nos ambitions, et parfois même nos relations. Pourtant, combien d'entre nous ont pris le temps de s'arrêter et de réfléchir à la place qu'il occupe réellement dans nos vies ?

Ce livre n'est pas un guide pour devenir riche ni un mode d'emploi pour gérer votre budget. Non, il va beaucoup plus loin. Il est une invitation à explorer les mécanismes invisibles qui gouvernent notre rapport à l'argent. Pourquoi certains d'entre nous semblent-ils constamment en quête de plus, tandis que d'autres se contentent de peu, mais vivent en paix ? Pourquoi l'argent, qui n'est qu'un outil, finit-il si souvent par nous dominer ?

À travers ces pages, nous allons découvrir comment nos croyances, souvent héritées de nos familles ou de notre environnement, façonnent notre manière de gagner, de dépenser et d'épargner. Nous plongerons dans les profondeurs de la psychologie pour comprendre pourquoi l'argent peut à la fois être une bénédiction et un fardeau.

Mais ce voyage n'est pas qu'une introspection. Il s'accompagne d'outils concrets pour reprendre le contrôle, aligner vos finances sur vos valeurs, et transformer l'argent en ce qu'il devrait toujours être : un serviteur fidèle de vos rêves, et non un maître tyrannique de votre esprit.

L'idée centrale est simple, mais puissante : **votre richesse ne se mesure pas uniquement à ce que vous possédez, mais à ce que vous ressentez et à ce que vous partagez.**

Ce livre s'adresse à tous ceux qui cherchent à réinventer leur relation à l'argent. Que vous soyez dans l'abondance ou dans une situation précaire, il vous aidera à redéfinir vos priorités et à replacer l'argent là où il doit être : au service de votre bien-être, et non l'inverse.

Alors, prêt(e) à embarquer dans cette exploration? Ensemble, redonnons à l'argent sa juste place, en équilibre avec nos valeurs et nos aspirations les plus profondes.

Chapitre 1 : Introduction à la Psychologie de l'Argent

L'argent. Un mot si simple, mais si chargé de sens. Il divise, il rassemble, il inquiète, il fait rêver. Peu importe où l'on se trouve dans le monde ou dans la vie, il joue un rôle central, parfois même omniprésent. Mais au-delà des chiffres, des billets et des pièces, qu'est-ce que l'argent signifie vraiment pour nous ? Pourquoi certains en font une obsession, tandis que d'autres semblent s'en détacher avec une aisance déconcertante ? Et surtout, comment nos pensées et nos émotions, souvent inconscientes, influencent-elles notre rapport à cette entité omnipotente ?

Imagine un instant que ton rapport à l'argent soit une maison. Les fondations sont posées dans l'enfance : ce que tu as vu, entendu ou ressenti au sujet de l'argent dans ton foyer. Les murs se bâtissent avec tes expériences de vie : ton premier salaire, tes moments de stress financier, ou encore ces rêves que tu te refuses à poursuivre parce qu'ils paraissent hors de portée. Et le toit ? C'est la perception que tu te crées du monde financier : tes croyances profondes, tes valeurs, et ton idée de ce qui est possible ou non.

L'argent n'est pas qu'un outil. C'est un miroir. Il reflète nos peurs, nos espoirs, notre estime de nous-mêmes. Quand on prend le temps de se pencher sur la psychologie de l'argent, on ne fait pas qu'explorer des stratégies pour mieux gérer ses finances. On entre dans un voyage beaucoup plus profond : celui de se comprendre soi-même. C'est un chemin fait de découvertes surprenantes, de confrontations parfois inconfortables, mais surtout de libération.

Là où la plupart des discussions autour de l'argent s'arrêtent à "comment en gagner plus" ou "comment mieux l'investir", cette exploration va plus loin. Elle touche à l'intime, au cœur même de nos motivations. Car derrière chaque décision financière, il y a une émotion, un souvenir, ou une croyance qui guide nos choix, souvent à notre insu. Comprendre cela, c'est commencer à transformer son rapport à l'argent, non pas en fonction des attentes de la société, mais selon ce qui résonne avec qui on est vraiment.

1.1 : L'argent, un outil et non une fin en soi

À travers les siècles, l'argent a été perçu comme bien plus qu'un simple moyen d'échange. Il est devenu pour certains un symbole de pouvoir, d'accomplissement ou même de bonheur. Mais en réalité, l'argent n'est qu'un outil, un moyen de matérialiser nos ambitions et de faciliter nos échanges. Ce n'est ni une fin, ni une solution universelle à nos problèmes. Pourtant, nous sommes nombreux à tomber dans le piège de le considérer comme une finalité en soi, oubliant son rôle premier : celui de servir nos objectifs et non de nous contrôler.

Prenons un instant pour réfléchir : combien de décisions dans nos vies sont directement influencées par l'idée de posséder plus, souvent au détriment de nos valeurs profondes ? Cette confusion entre 'avoir' et 'être' est au cœur de nombreuses frustrations modernes. Utiliser l'argent comme un levier, et non comme un maître, est la clé pour libérer son potentiel et retrouver un équilibre émotionnel.

Prenons l'exemple d'Éric, un professionnel dans la finance, dont l'objectif principal a longtemps été de maximiser ses revenus. Éric travaillait sans relâche, persuadé que chaque promotion ou prime-le rapprochait du bonheur qu'il recherchait. Cependant, à chaque étape, la satisfaction était éphémère, remplacée par une nouvelle ambition financière. Lorsqu'il a fini par atteindre un niveau de richesse qu'il avait longtemps perçu comme un idéal, il s'est rendu compte que sa quête n'avait fait qu'accroître son insatisfaction. Son bien-être émotionnel s'était détérioré, et il avait négligé des relations importantes dans sa vie.

Un jour, après une énième promotion, Éric a décidé de prendre un congé sabbatique pour réfléchir à ses priorités. Il a commencé à investir dans des expériences plutôt que dans des possessions matérielles. Il a renoué avec ses proches et s'est concentré sur des projets qui lui tenaient à cœur, même s'ils n'étaient pas financièrement lucratifs. Petit à petit, Éric a compris que l'argent n'était qu'un facilitateur de ces moments précieux. Il avait enfin découvert qu'il pouvait en faire un levier pour atteindre un bien-être durable et équilibré.

L'histoire d'Éric montre que voir l'argent comme un outil permet de s'en libérer. En le considérant comme un moyen d'accéder à ce qui nous rend vraiment heureux, il devient moins oppressant et gagne un sens plus profond. Cette perspective allège la pression de la quête incessante de richesse et recentre l'attention sur ce qui nous apporte réellement satisfaction.

L'argent est un facilitateur : il nous permet de nous procurer des biens, d'avoir accès aux soins de santé, de voyager, et de subvenir à nos besoins. Il peut être vu comme un carburant qui alimente nos rêves et nos projets. Mais tout comme une voiture ne peut avancer sans essence, nous ne pouvons vivre confortablement sans argent. Cependant, la voiture est un moyen de nous rendre à destination, pas la destination elle-même. Si nous commençons à voir l'argent sous cet angle, notre perception de sa valeur change fondamentalement.

Vos croyances financières : Un miroir de votre histoire

Nos croyances sur l'argent ne naissent pas par hasard. Elles s'enracinent souvent dans des expériences personnelles, des messages transmis par notre entourage ou des influences culturelles. Ces croyances, qu'elles soient conscientes ou non, peuvent devenir des blocages qui freinent notre relation saine à l'argent.

Pour mieux comprendre ces schémas, voici un exercice simple, mais révélateur :

Exercice : Vos croyances financières

Prenez un moment pour réfléchir aux phrases suivantes :

- L'argent est toujours source de conflits.
- Il faut travailler dur pour mériter de l'argent.
- Être riche, c'est être avare.

Pour chaque affirmation, cochez si vous êtes :

☐ D'accord

☐ Pas d'accord

☐ Neutre

Ensuite, notez pourquoi vous pensez cela. Ces croyances viennent-elles de votre éducation ? D'une expérience personnelle ? Ces réponses vous donneront un aperçu précieux de vos propres blocages financiers et des influences sous-jacentes.

Enfin, comprendre ces croyances est une première étape essentielle. Ce n'est qu'en identifiant ces schémas que vous pourrez commencer à les déconstruire et à créer une nouvelle relation avec l'argent, basée sur vos valeurs actuelles plutôt que sur des idées héritées.

1.2 : L'Influence de l'Argent sur la Psychologie Humaine

L'impact de l'argent sur notre mental est indéniable. La manière dont nous percevons l'argent influence notre comportement, nos relations et même notre estime de soi. Beaucoup de personnes, par exemple, définissent leur succès ou leur valeur personnelle en fonction de leur revenu ou de leurs possessions matérielles. Cette approche, cependant, peut entraîner des conséquences émotionnelles et mentales graves, surtout si ces attentes ne sont pas satisfaites.

Les études en psychologie montrent que l'attachement excessif à l'argent est souvent lié à des émotions négatives, comme la peur de manquer ou l'anxiété face à l'avenir. À l'inverse, une relation plus détachée, qui considère l'argent comme un moyen et non une fin, tend à favoriser le bien-être psychologique. En prenant conscience de cet impact, nous sommes mieux préparés à comprendre et à gérer les émotions que suscite l'argent dans nos vies.

L'argent peut aussi agir comme un miroir. La manière dont nous le dépensons, l'épargnons, ou même le refusons, reflète habituellement nos valeurs profondes, nos désirs cachés, et parfois même nos insécurités. Ainsi, une personne qui accumule sans cesse des richesses pourrait rechercher inconsciemment une sécurité émotionnelle, tandis qu'une autre qui dépense sans compter pourrait essayer de combler un vide affectif.

Comprendre l'influence psychologique de l'argent, c'est aussi comprendre comment il façonne nos décisions. Lorsque nous commençons à démêler les émotions que l'argent suscite, nous devenons plus conscients de nos motivations profondes, et plus libres de faire des choix en accord avec nos véritables besoins.

1.3 : Croyances Personnelles et Culturelles Autour de l'Argent

Nos idées sur l'argent ne naissent pas de rien. Elles se construisent, souvent de manière inconsciente, à travers nos expériences personnelles, notre éducation et les valeurs transmises par notre culture. Certaines familles, par exemple, voient l'argent comme une source d'anxiété, apprenant aux enfants à être frugaux et à éviter les dépenses superflues. D'autres en parlent comme d'une ressource à valoriser, promouvant des habitudes d'investissement et de gestion proactive.

Les croyances culturelles autour de l'argent influencent également nos comportements. Dans certaines sociétés, la richesse est associée au statut social et à la réussite personnelle, tandis que dans d'autres, l'accumulation excessive de biens est perçue comme moralement douteuse. En Occident, par exemple, l'idéal de réussite individuelle est fréquemment mesuré par la richesse matérielle, alors que dans d'autres cultures, la richesse collective et la redistribution jouent un rôle plus important.

Nos croyances personnelles, qu'elles soient positives ou négatives, ont un impact direct sur notre façon d'agir avec l'argent. Une personne qui considère l'argent comme quelque chose de mal pourrait être moins encline à rechercher la prospérité, même inconsciemment. À l'inverse, quelqu'un qui croit que l'argent est la clé de l'accomplissement personnel pourrait, sans s'en rendre compte, sacrifier d'autres aspects de sa vie pour l'obtenir.

Prendre conscience de ces croyances nous permet de les questionner. Sont-elles vraiment les nôtres, ou sont-elles héritées ? Nous guident-elles vers un meilleur épanouissement, ou au contraire nous enferment-elles dans des schémas contraignants ?

1.4 : Aspects Culturels et Sociétaux

Notre rapport à l'argent n'est pas universel. Il est profondément enraciné dans notre culture, nos traditions et les messages transmis par la société. Ces influences façonnent non seulement nos comportements financiers, mais aussi nos valeurs, nos priorités et nos aspirations. Comprendre comment ces aspects culturels et sociétaux impactent nos décisions financières est une étape essentielle pour développer une relation plus équilibrée avec l'argent.

- **États-Unis** : Aux États-Unis, l'idée de "l'American Dream" illustre parfaitement la relation entre richesse et individualisme. La possibilité de gravir les échelons sociaux grâce au travail et à la détermination est un pilier de la culture américaine. Cependant, cette vision peut aussi conduire à une compétitivité intense et à une survalorisation de l'argent comme source principale de bonheur.
- **France** : En France, l'argent est souvent un sujet délicat, voire tabou. Contrairement aux cultures qui valorisent l'affichage de la richesse, les Français ont tendance à privilégier la discrétion et la sobriété. Le patrimoine culturel met davantage l'accent sur la qualité de vie et l'accès à des biens immatériels, comme l'éducation et la santé, plutôt que sur la possession de biens matériels.

Trouver un équilibre entre ses valeurs et les influences culturelles

Si la culture et la société jouent un rôle clé dans notre rapport à l'argent, il est crucial de prendre du recul pour évaluer si ces influences sont en accord avec nos propres valeurs. Ce processus demande une introspection honnête et parfois une remise en question des attentes extérieures.

Voici quelques questions à se poser :

- Mes décisions financières sont-elles guidées par mes valeurs personnelles ou par la pression sociale ?
- Quelle est ma propre définition de la richesse ?
- Suis-je influencé par des croyances culturelles qui ne me correspondent plus ?

En répondant à ces questions, nous pouvons commencer à construire une relation plus saine et authentique avec l'argent, une relation qui reflète qui nous sommes réellement, au-delà des attentes de la société.

Les croyances culturelles et l'argent : une perspective enrichie

Pour comprendre à quel point la culture peut influencer notre relation à l'argent, il faut aller plus loin que les simples constats. Plongeons dans des recherches et des exemples concrets qui mettent en lumière cette connexion profonde.

L'étude de Hofstede : Individualisme vs Collectivisme

Geert Hofstede, dans ses travaux sur les dimensions culturelles, a montré que les sociétés individualistes et collectivistes adoptent de très différentes approches face à l'argent. Dans des pays comme les États-Unis, par exemple, où l'individualisme est valorisé, la richesse est souvent perçue comme un marqueur de succès personnel. Accumuler des biens, posséder une maison ou encore investir dans des projets lucratifs sont des moyens de prouver sa réussite.

En revanche, dans des cultures collectivistes comme la Chine, l'accent est mis sur le bien-être collectif. Ici, l'argent n'est pas qu'un outil individuel : il est partagé, investi dans des relations sociales ou utilisé pour soutenir la famille élargie. Cette différence éclaire pourquoi certaines personnes priorisent la sécurité communautaire, tandis que d'autres privilégient l'autonomie financière.

☞ Ce contraste culturel montre bien que nos comportements financiers ne sont pas seulement une question de choix personnel. Ils sont profondément ancrés dans les valeurs sociétales qui nous entourent.

L'impact des relations sociales sur le bonheur : Diener et al. (2010)

Une autre recherche fascinante, menée par Diener et ses collègues, a révélé que les cultures collectivistes attachent une plus grande importance aux relations humaines pour le bien-être. En clair, dans ces sociétés, le bonheur est davantage lié à la qualité des interactions sociales qu'à l'accumulation de richesse matérielle.

Par exemple, dans des pays comme l'Inde, offrir de l'argent ou des biens à sa communauté est considéré comme un acte noble, souvent plus gratifiant que de dépenser pour soi-même. À l'inverse, dans des pays occidentaux comme le Royaume-Uni, la richesse matérielle joue un rôle central dans la perception de la réussite, ce qui peut parfois engendrer une pression sociale intense pour "posséder toujours plus".

☞ En réfléchissant à ces différences, il devient évident que notre environnement culturel façonne non seulement notre gestion de l'argent, mais aussi ce qui nous rend véritablement heureux.

Anecdote : La philosophie japonaise du "Kaizen" appliquée à la richesse

Au Japon, la philosophie du "Kaizen", qui signifie "amélioration continue", est une approche fascinante de la gestion financière. Imagine une famille japonaise qui, chaque mois, met de côté une petite somme pour ses objectifs futurs. Elle ne se presse pas pour atteindre une richesse rapide, mais s'appuie sur une discipline et une constance qui, avec le temps, portent leurs fruits.

Prenons l'exemple de la famille Nakamura. Grâce au « Kaizen », ils ont réussi à financer les études de leurs enfants et à économiser pour leur retraite, tout en honorant des traditions comme l'offrande au temple ou l'aide aux proches. Cette vision équilibrée entre respect des valeurs traditionnelles et planification moderne montre à quel point la culture influence des décisions financières réfléchies.

☞ Le "Kaizen" rappelle que la gestion financière peut être une démarche harmonieuse, loin du stress souvent associé à l'argent.

Anecdote : Le "Potlatch" des peuples autochtones d'Amérique du Nord

Dans certaines cultures autochtones d'Amérique du Nord, comme celles des tribus de la côte nord-ouest, le "Potlatch" est une cérémonie à laquelle les chefs redistribuent leurs richesses à leur communauté. Ce n'est pas seulement un acte de générosité, mais aussi un moyen de renforcer les liens sociaux et de montrer son leadership.

Par exemple, lors d'un "Potlatch", un chef peut offrir des biens précieux à chaque membre de la tribu. Cette redistribution est perçue comme un honneur et non comme une perte, car elle renforce son statut en tant que leader bienveillant. Cette pratique contraste fortement avec les valeurs capitalistes, où l'accumulation individuelle est souvent la norme.

☞ Ce rituel démontre que, dans certaines cultures, l'argent n'a de valeur que lorsqu'il est partagé, soulignant des visions alternatives de la richesse.

Anecdote : L'obsession américaine pour le "Rêve de la Maison Propre"

Aux États-Unis, le rêve de posséder sa propre maison est profondément ancré dans la culture. C'est souvent perçu comme le symbole ultime de la réussite. Cependant, cette quête peut parfois pousser les gens à prendre des décisions financières risquées.

Prenons l'histoire de Sarah et Tom, un jeune couple américain qui voulait absolument acheter leur maison avant leurs 30 ans. Pour y parvenir, ils ont souscrit un prêt hypothécaire important, quitte à sacrifier d'autres aspects de leur vie. Bien qu'ils aient atteint leur objectif, ils se sont retrouvés sous une pression financière énorme, limitant leur capacité à voyager ou à épargner pour l'avenir.

☞ Cet exemple soulève une question essentielle : jusqu'où sommes-nous prêts à aller pour répondre aux attentes culturelles sur la richesse ?

Ces exemples et études montrent que la richesse n'est pas un concept universel. Elle est profondément influencée par les cultures, les croyances et les traditions. En comprenant ces nuances, chacun peut réfléchir à la manière dont son environnement façonne ses choix financiers. Peut-être qu'à travers cette réflexion, on découvrira de nouvelles façons d'aborder l'argent : non pas comme une contrainte, mais comme un outil qui reflète nos valeurs les plus profondes.

1.5 : L'Influence des Systèmes Économiques sur la Psychologie de la Richesse

L'argent, en tant que concept, ne vit pas en vase clos. Il prend tout son sens à travers le prisme des systèmes économiques qui façonnent nos perceptions, nos décisions et, en fin de compte, notre rapport à la richesse. Que ce soit dans un environnement capitaliste où la réussite individuelle est glorifiée ou dans une société socialiste qui met en avant l'égalité et la solidarité, la manière dont l'argent est perçu et utilisé varie énormément. Décortiquons cela.

Capitalisme vs Socialisme : Deux visions du monde

Le capitalisme, moteur de la Silicon Valley et des gratte-ciels new-yorkais, repose sur une idée simple : la quête individuelle de richesse profite à tous. Ici, l'argent est un symbole de réussite personnelle et un levier pour grimper l'échelle sociale. Le mantra souvent implicite est le suivant : « Plus vous possédez, plus vous avez de valeur. » Cette idée se traduit par une compétition féroce, où accumuler des biens devient une manière d'affirmer son statut.

Prenons l'exemple de Laura, une entrepreneuse américaine ayant bâti une start-up technologique. Elle a grandi avec la conviction que son succès dépendait uniquement de son travail acharné et de son audace. Cette mentalité lui a permis de lever des millions en capital-risque, mais à quel prix ? Laura avoue aujourd'hui que la pression constante de maintenir son niveau de réussite l'a conduite à sacrifier sa santé mentale et ses relations personnelles.

À l'opposé, le socialisme prône une approche plus collective. Dans ce système, l'argent est perçu comme un outil pour assurer la sécurité et le bien-être de tous, plutôt qu'un instrument de pouvoir individuel. Des pays comme la Suède ou le Canada mettent l'accent sur des politiques redistributives, où les ressources financières sont partagées pour réduire les inégalités.

Considérons l'histoire de Marcus, un enseignant canadien. Grâce au système de santé universel et à un congé parental généreux, il a pu consacrer du temps à ses enfants tout en maintenant un niveau de vie stable. Pour lui, la richesse ne réside pas dans ce qu'il possède, mais dans la tranquillité d'esprit qu'il gagne en vivant dans une société où les filets de Sécurité sociale sont solides.

L'impact sur les comportements financiers

Ces systèmes économiques influencent directement les comportements financiers des individus. Dans un cadre capitaliste, on observe souvent une accumulation frénétique des richesses, motivée par le désir de réussir ou de « ne pas manquer une opportunité ». Cela peut conduire à des cycles de surendettement, car la pression sociale pousse à afficher des signes extérieurs de réussite, comme une maison luxueuse ou des vêtements de marque.

À l'inverse, dans un système socialiste, où les inégalités sont moindres, les choix financiers sont souvent plus modérés. Les citoyens sont encouragés à épargner pour des projets à long terme, comme l'éducation ou les loisirs, plutôt qu'à accumuler des biens matériels. La Sécurité sociale joue ici un rôle clé en réduisant l'angoisse liée à l'avenir.

Interaction entre l'individu et la société

Le système économique dans lequel nous évoluons agit comme une lentille à travers laquelle nous percevons la richesse. Dans une société capitaliste, l'individu est souvent isolé dans sa quête de succès. Cette autonomie peut être valorisante, mais elle peut aussi exacerber les sentiments d'échec ou d'insécurité financière.

Prenons un exemple frappant. Aux États-Unis, l'idée du « rêve américain » pousse beaucoup de gens à travailler dur pour gravir les échelons. Pourtant, ce modèle a ses limites. Une étude récente a révélé que près de 60 % des Américains vivent d'un chèque de paie à l'autre, malgré une économie basée sur la croissance individuelle.

Dans les sociétés socialistes, l'interaction entre l'individu et la société est différente. Ici, les filets de Sécurité sociale permettent aux citoyens de prendre des risques calculés, comme lancer une petite entreprise ou retourner à l'école pour changer de carrière, sans craindre de tout perdre. Cette dynamique favorise une perception de l'argent comme un outil pour s'épanouir, plutôt que comme une fin en soi.

Exemples culturels et contextes locaux

Le Japon, bien qu'il soit une économie capitaliste, reflète une vision unique de la richesse. Ici, la notion de « suffisance » prévaut. La culture valorise l'épargne et la modestie, même parmi les plus riches. Les pratiques comme le "Kakeibo" – un carnet de gestion des dépenses – sont ancrées dans la société pour encourager une consommation réfléchie et alignée sur des besoins réels.

En revanche, regardons les Pays-Bas, un modèle hybride entre capitalisme et socialisme. Le système de « redistribution contrôlée » garantit un accès équitable aux ressources essentielles tout en privilégiant l'entrepreneuriat. Cela permet aux individus de chercher la richesse sans compromettre les valeurs d'égalité et de bien-être collectif.

Les dilemmes modernes liés aux systèmes économiques

Dans le monde globalisé d'aujourd'hui, les systèmes économiques s'interconnectent de plus en plus. Le capitalisme et le socialisme ne sont plus des blocs monolithiques, mais des mosaïques avec lesquelles les modèles s'entrelacent. Par exemple, même dans des pays capitalistes, des initiatives de redistribution, comme les allocations familiales ou les subventions pour l'éducation, rappellent les principes socialistes.

Cependant, cette hybridation n'est pas sans conséquences. Les inégalités économiques persistent dans de nombreuses régions, influençant profondément les perceptions de la richesse. Les individus sont souvent pris entre deux feux : d'un côté, l'aspiration à accumuler pour atteindre un statut social enviable ; de l'autre, le besoin de se sentir sécurisé par un filet social collectif.

Vers une nouvelle vision de la richesse

Alors, quelle est la meilleure approche ? Les systèmes économiques n'ont pas pour vocation de définir la richesse de manière uniforme, mais ils jouent un rôle fondamental dans la manière dont nous la percevons et l'utilisons. Plutôt que de privilégier un modèle unique, il semble plus pertinent d'intégrer les avantages des deux systèmes.

Une personne vivant dans un environnement capitaliste peut s'inspirer des valeurs sociales, comme la mise en place de budgets familiaux axés sur la sécurité et le partage. De même, dans une société socialiste, adopter certains principes du capitalisme, comme l'innovation personnelle et l'entrepreneuriat, peut ouvrir de nouvelles perspectives.

Les systèmes économiques façonnent nos comportements, mais il est possible de trouver son propre équilibre. En fin de compte, la richesse ne réside pas dans les extrêmes, mais dans la capacité de chacun à aligner ses valeurs personnelles sur les opportunités qu'offre son environnement économique.

1.6 : Mythes Financiers : Remettre en Question les Idées Fausses

Un des obstacles majeurs dans notre relation avec l'argent est l'accumulation de mythes financiers qui circulent dans notre société. Ces idées reçues, bien qu'ancrées, sont souvent trompeuses et peuvent nous empêcher de vivre une relation saine avec l'argent. Décortiquons quelques-uns de ces mythes.

1. L'argent fait le bonheur

Ce mythe est l'un des plus répandus. Beaucoup de gens croient qu'en accumulant plus de richesse, ils deviendront plus heureux. Les études, pourtant, montrent que le bonheur dépend avant tout de la satisfaction de besoins fondamentaux, et que passé un certain seuil de revenus, l'augmentation de richesse n'apporte plus de satisfaction supplémentaire. Le bonheur est lié aux expériences, aux relations humaines et à l'épanouissement personnel bien plus qu'à l'argent.

2. Il faut être né dans une famille riche pour devenir riche

Cette croyance limite le potentiel de nombreuses personnes. Si les inégalités existent bel et bien, l'histoire est remplie de parcours de gens ayant transformé leur situation malgré des débuts modestes. Ce qui compte, ce sont fréquemment les choix, les opportunités saisies et la discipline dans la gestion des finances.

3. Dépenser sans compter est un signe de réussite

Dans une société de consommation, afficher des biens coûteux est souvent perçu comme un signe de succès. Néanmoins, ce comportement peut conduire à des dettes et à une insécurité financière. La véritable réussite réside dans la capacité à gérer son argent en fonction de ses priorités, plutôt que de se conformer aux attentes des autres.

4. Plus on travaille dur, plus on gagne d'argent

Bien que le travail acharné soit important, il n'est pas toujours directement corrélé à la richesse. Dans de nombreux cas, la prospérité dépend davantage des choix stratégiques, des investissements et de la disposition à se diversifier.

Reconsidérer ces mythes permet de voir l'argent sous un nouvel angle, de l'aborder sans préjugés, et de s'en libérer pour le percevoir comme un outil, sans en être esclave. L'argent, en fin de compte, ne peut ni acheter le bonheur ni déterminer notre valeur personnelle.

En comprenant notre rapport à l'argent, nous avons la possibilité de réévaluer nos choix, de cultiver un rapport plus sain et d'orienter notre gestion financière vers ce qui compte vraiment. Ce chapitre est une invitation à réfléchir à l'argent autrement, à se libérer des mythes pour accéder à une gestion financière plus sereine.

Comprendre l'impact émotionnel de l'argent dès le départ

Dès qu'on commence à parler d'argent, c'est comme ouvrir un coffre rempli de souvenirs, de leçons apprises parfois sans s'en rendre compte. Ce coffre, c'est notre enfance. Ce qu'on a vu, entendu, ressenti sur l'argent dans nos premières années laisse des empreintes profondes, souvent invisibles, mais bien réelles. Elles influencent notre manière de dépenser, d'épargner, ou même de rêver.

L'argent, un héritage émotionnel familial

L'argent ne vient pas seulement avec des chiffres. Il porte des émotions, des valeurs, et des croyances transmises comme un vieux livre de famille. Pour certains, c'est la peur de manquer. Pour d'autres, c'est l'idée que plus, on en a mieux, on se porte. Mais ces perceptions, souvent inconscientes, façonnent nos choix bien plus qu'on ne le pense.

Prenons l'exemple de Claire, 34 ans, qui a grandi dans une maison où chaque sou était compté. Sa mère lui répétait : " On n'a pas les moyens, il faut faire attention à tout ! " Aujourd'hui, même si Claire gagne confortablement sa vie, elle a du mal à se faire plaisir. Chaque dépense non essentielle lui provoque un stress qu'elle n'arrive pas à expliquer. Ce comportement vient directement de son passé : une enfance marquée par la peur du manque.

Les messages subliminaux de l'enfance

Les enfants sont comme des éponges. Ils absorbent tout, même ce qui n'est jamais dit explicitement. Les disputes des parents sur les finances, les attitudes face à la générosité ou à la frugalité, les commentaires sur les riches ou les pauvres… Tout cela devient des messages internes, des vérités personnelles.

Maxime, par exemple, a grandi dans une famille où l'argent était synonyme de pouvoir. Son père répétait souvent : " Si tu veux que les gens te respectent, tu dois réussir financièrement." Maintenant adulte, Maxime travaille sans relâche, cherchant constamment des promotions et des augmentations. Mais malgré ses succès, il se sent souvent insatisfait, comme si son accomplissement personnel ne dépendait que de son compte bancaire.

Les deux extrêmes : insécurité et surcompensation

Il y a souvent deux réactions face à un héritage émotionnel lié à l'argent : soit on perpétue les comportements de ses parents, soit on fait tout l'inverse.

L'insécurité financière peut pousser certaines personnes à accumuler de l'argent sans jamais en profiter, par peur de retomber dans des moments difficiles. À l'inverse, d'autres vont dépenser sans compter pour compenser une enfance marquée par des privations. C'est le cas de Sophie, dont les parents, immigrés avec peu de moyens, lui refusaient presque tout. Aujourd'hui, Sophie dépense à tout-va, comme pour rattraper les « non » de son enfance.

Les émotions attachées à l'argent : amour, peur ou culpabilité

L'argent est rarement neutre. Il s'accompagne souvent d'émotions fortes, qu'elles soient positives ou négatives. Pour certains, c'est un symbole d'amour : offrir des cadeaux, partager avec ses proches, c'est une manière de dire « je tiens à toi ». Pour d'autres, c'est une source de peur ou d'angoisse, notamment quand les fins de mois sont difficiles ou qu'un imprévu chamboule tout.

Julien, par exemple, associe l'argent à la culpabilité. Sa mère célibataire travaillait dur pour joindre les deux bouts, et Julien se sentait toujours mal à l'aise de demander quelque chose. Aujourd'hui, même s'il peut se permettre de dépenser, il ressent cette vieille culpabilité dès qu'il s'offre un luxe.

Reprendre le contrôle sur son héritage émotionnel

La bonne nouvelle, c'est qu'on peut déconstruire ces croyances et prendre du recul sur son passé. Comprendre d'où viennent nos émotions liées à l'argent est la première étape pour reprendre le contrôle.

Un exercice simple consiste à réfléchir à des phrases ou des messages que l'on a souvent entendus enfant. Par exemple :

- L'argent ne pousse pas sur les arbres.
- Les riches sont des profiteurs.
- Si tu veux quelque chose, il faut te battre pour l'avoir.

En identifiant ces messages, on peut mieux comprendre comment ils influencent nos comportements d'aujourd'hui.

Un exemple d'éveil émotionnel : l'histoire de Nathalie

Nathalie a toujours eu une relation complexe avec l'argent. Elle passait d'un extrême à l'autre : épargner frénétiquement ou dépenser sans retenue. Lorsqu'elle a consulté un coach financier, elle a découvert que ses comportements venaient de sa relation avec son père, un homme qui alternait entre générosité extrême et rigueur financière. Ce mélange l'avait rendue instable émotionnellement face à l'argent.

En travaillant sur son passé, Nathalie a appris à identifier les déclencheurs émotionnels. Elle a mis en place un budget qui lui permettait d'épargner tout en se faisant plaisir, trouvant enfin un équilibre.

Réfléchir pour avancer sereinement

Reconnaître l'impact émotionnel de l'argent, c'est un pas vers une meilleure gestion de ses finances, mais aussi de son bien-être. L'argent, ce n'est pas juste des billets ou des chiffres : c'est une histoire, une émotion, une mémoire. Plus on en est conscient, plus on peut bâtir une relation saine avec lui.

Alors, quel est ton héritage émotionnel ? Quelles leçons as-tu apprises, consciemment ou non, sur l'argent ? Ces réponses peuvent être des clés puissantes pour transformer ta vie financière et émotionnelle.

Chapitre 2 : L'Histoire de l'Argent et de l'Humanité

L'histoire de l'argent, c'est un peu celle de l'humanité. Une danse complexe entre le besoin de survie et la quête de sens, entre le troc des premiers temps et les crypto-monnaies d'aujourd'hui. Au départ, il n'y avait rien de plus simple : du grain contre du bétail, des outils contre un service. Pas de pièces brillantes, pas de billets froissés. Juste des échanges, directs, basés sur la valeur perçue et la confiance.

Puis, un jour, on a eu cette idée révolutionnaire : créer un objet intermédiaire, un symbole pour représenter la valeur. Les coquillages, les pierres précieuses, les métaux rares ont commencé à circuler, transportant avec eux bien plus que des richesses matérielles. Ils sont devenus des outils de pouvoir, de conquête, mais aussi de liens. Avec eux, on ne troquait plus seulement des biens, mais des promesses, des rêves, et parfois même des illusions.

L'argent a transformé le monde. Il a permis aux empires de se bâtir, aux sociétés de prospérer, mais il a aussi creusé des écarts, suscité des conflits, et nourri des obsessions. Il s'est imposé dans nos vies, non pas comme un simple moyen d'échange, mais comme une force capable d'influencer nos décisions, nos relations, et même notre perception de la réussite.

À travers les âges, il a pris de nombreuses formes : pièces martelées à la main, billets ornés de figures illustres, et maintenant, des chiffres immatériels dans des banques digitales. Mais peu importe son apparence, il raconte toujours la même chose : nos désirs, nos ambitions, et occasionnellement nos contradictions les plus profondes.

L'argent et les crises économiques modernes

Avec le XXe siècle, l'argent est devenu plus abstrait, mais il a aussi révélé sa fragilité face aux crises. Ces bouleversements économiques, parfois déclenchés par des excès humains ou des événements imprévus, ont profondément influencé notre rapport à la monnaie.

Prenons la **"Grande Dépression des années 1930"**. Cet événement marquant, né d'une spéculation effrénée et d'un krach boursier, a plongé des millions de familles dans la pauvreté. Les banques ont vu leurs coffres se vider, tandis que les citoyens, désespérés, faisaient la queue pour retirer leurs maigres économies. La confiance dans le système monétaire s'est effondrée. Pour beaucoup, cette période a forgé une peur durable de l'instabilité financière, une crainte transmise de génération en génération.

Un autre tournant décisif est survenu en **"2008"**, avec la crise des subprimes. Cette fois-ci, la cause était différente : un système financier complexe, des prêts risqués accordés sans garantie, et une bulle immobilière qui a explosé. En quelques mois, des banques jugées "trop grandes pour échouer" se sont effondrées, mettant à genoux l'économie mondiale. Des milliards de dollars ont été perdus, mais l'impact le plus profond a été psychologique : une méfiance généralisée envers les institutions financières traditionnelles.

Face à ces crises, de nouvelles alternatives ont vu le jour. L'apparition des **"crypto-monnaies"**, en particulier le Bitcoin en 2009, a représenté un espoir pour certains. Ces monnaies décentralisées, indépendantes des gouvernements et des banques centrales, promettaient une forme de liberté économique. Pour leurs partisans, elles étaient la réponse parfaite aux défaillances du système traditionnel. Mais pour d'autres, elles étaient un pari risqué, symbole d'une instabilité difficile à maîtriser.

Les crises économiques modernes ne sont pas qu'une affaire de chiffres et de courbes. Elles racontent l'histoire d'un équilibre fragile, où l'argent, bien que central à nos vies, reste vulnérable aux excès humains. Elles posent une question essentielle : comment bâtir un système monétaire plus résilient, capable de résister aux chocs tout en répondant aux besoins d'un monde en constante mutation ?

Ces bouleversements récents montrent que l'argent n'est pas qu'un outil économique. Il est une invention sociale, façonnée par nos aspirations, nos peurs et nos erreurs. En retraçant son histoire, de ses débuts rudimentaires jusqu'à son rôle dans les crises modernes, nous pouvons mieux comprendre les forces qui régissent nos sociétés et les leçons que nous devons en tirer pour l'avenir.

2.1 : L'Évolution de l'Argent : Des Trocs aux Monnaies Modernes

L'histoire de l'argent est un voyage fascinant qui reflète les évolutions culturelles, économiques et sociales des civilisations humaines. Elle commence par la simplicité du troc et s'étend à la complexité des crypto-monnaies modernes. À travers cette odyssée, chaque étape dévoile non seulement les besoins économiques de l'époque, mais aussi les valeurs et les aspirations des sociétés.

1. Les origines du troc : un système pratique, mais limité

Dans les premières civilisations, le troc représentait la solution naturelle pour échanger des biens. Imaginez un berger échangeant une chèvre contre deux sacs de blé ou un artisan troquant un pot en argile contre des outils. Ce système fonctionnait tant que chaque partie trouvait son compte. Mais rapidement, des limites apparurent : comment échanger si l'autre personne n'a pas ce que vous souhaitez ou si les valeurs perçues différentes ?

Prenons l'exemple du fermier et du berger dans un village fertile. Le fermier, ne disposant que d'un sac de blé sur les deux promis, n'a pas pu satisfaire l'accord. Ce genre de problème a conduit à la recherche d'un outil universel pour faciliter les échanges : la monnaie.

2. L'émergence des objets de valeur : cauris, métaux et pièces

Vers 1200 av. J.-C., les "**cauris**", de petits coquillages, devinrent une forme de monnaie populaire en Asie et en Afrique. Leur rareté et leur durabilité en faisaient un excellent support pour les transactions. Utilisés pendant des siècles, ces coquillages représentaient bien plus que leur valeur matérielle : ils incarnaient la confiance et l'équité dans les échanges.

Quelques siècles plus tard, en 600 av. J.-C., les premières pièces en métal apparurent en Lydie, dans l'actuelle Turquie. Ces pièces, fabriquées en or ou en argent et estampillées de symboles royaux, introduisaient une innovation majeure : une valeur standardisée. Elles simplifiaient les échanges et réduisaient les disputes sur la qualité ou la quantité des biens échangés.

Exemple historique : Sous l'empire romain, les pièces portaient l'effigie des empereurs, symbolisant le pouvoir central. Elles circulaient dans tout le bassin méditerranéen, facilitant les échanges commerciaux et consolidant l'économie de l'empire.

3. La révolution du papier-monnaie

Avec l'accroissement du commerce et la multiplication des échanges, transporter de lourdes quantités de pièces devenait peu pratique. Au Moyen Âge, les grandes banques italiennes, comme les Médicis, introduisirent les **lettres de change**, permettant de réaliser des transactions importantes sans transporter d'or ou d'argent.

Cependant, c'est en Chine que la révolution du papier-monnaie vit le jour. Sous la dynastie Tang (618–907), les "billets volants" facilitaient les échanges sur de longues distances, réduisant les risques pour les marchands. En Europe, la Suède émit les premiers billets de banque officiels en 1661, marquant le début d'une nouvelle ère monétaire.

4. L'argent et le pouvoir : entre stabilité et crises

Avec la montée des empires modernes, la monnaie devint bien plus qu'un simple outil d'échange. Elle s'imposa comme un instrument de pouvoir. Les accords de **Bretton Woods**, en 1944, établirent le dollar américain comme monnaie de référence mondiale, soutenu par l'or. Cependant, en 1971, cette parité fut abandonnée, donnant naissance à un système monétaire plus flexible, mais également plus instable.

Les crises économiques du XXe siècle, comme la Grande Dépression ou la crise pétrolière, mirent en lumière la fragilité des systèmes financiers. Ces événements montrèrent que la valeur de l'argent repose principalement sur la confiance collective et les politiques économiques.

5. La révolution numérique : l'ère des crypto-monnaies

Avec l'avènement de la technologie, l'argent devint de plus en plus immatériel. Les cartes bancaires, introduites dans les années 1980, transformèrent les transactions, permettant des paiements rapides et pratiques. Mais c'est en 2009 qu'un bouleversement majeur émergea : la création du **"Bitcoin"**, la première monnaie numérique décentralisée.

Basé sur la technologie blockchain, le Bitcoin offre un système sécurisé et transparent, indépendant des gouvernements et des banques. Pour certains, il représente une révolution économique, une liberté face aux systèmes traditionnels. Pour d'autres, il soulève des questions sur la stabilité et la régulation.

Exemple contemporain : El Salvador est devenu le premier pays à adopter le Bitcoin comme monnaie légale. Ce choix audacieux a divisé l'opinion publique, certains saluant l'innovation, d'autres craignant l'instabilité qu'elle pourrait entraîner.

L'histoire de l'argent en 6 étapes clés

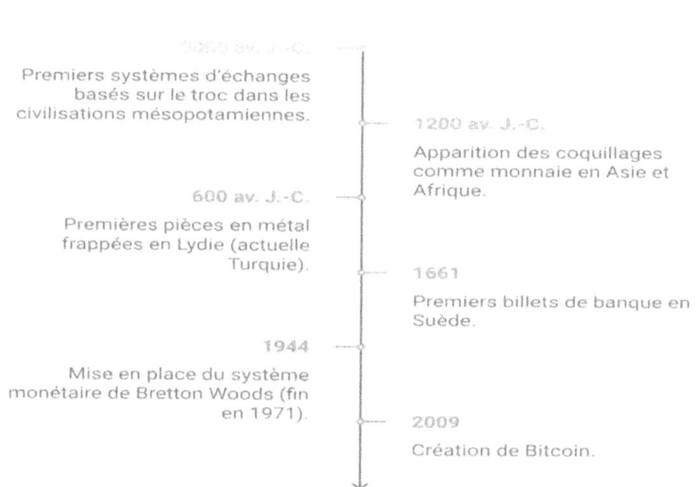

7. Une constante à travers les âges : la confiance

Malgré ses transformations constantes, l'argent repose sur un élément fondamental : **"la confiance collective"**. Que ce soit des coquillages, des pièces, des billets ou des données numériques, sa valeur est définie par l'accord universel sur son utilité et sa fiabilité.

Les crypto-monnaies, bien qu'innovantes, posent une question essentielle : **Dans un monde auquel l'argent est de plus en plus abstrait, comment maintenir cette confiance ?**

Pour conclure, l'argent est bien plus qu'un outil économique. C'est une invention sociale, façonnée par les besoins, les aspirations et les limites des civilisations humaines. En passant du troc à la monnaie numérique, chaque étape de cette évolution a redéfini notre rapport à la richesse, à la valeur et à la communauté.

Alors que nous entrons dans une ère dominée par la technologie, il est essentiel de réfléchir à l'avenir de l'argent. Sera-t-il un vecteur de liberté ou un instrument de contrôle ? Une chose est certaine : son évolution continue de façonner nos sociétés, tout comme nos sociétés continuent de le façonner.

2.2 : Figures Historiques et Philosophes-Leurs Visions de la Richesse

Dans l'ombre d'un vieux temple grec, un jeune disciple s'approcha d'Aristote, les mains tremblantes. " **Maître, pourquoi certains hommes cherchent-ils la richesse, alors que d'autres la fuient ?** " Aristote, posant son rouleau de parchemin, lui répondit : " **Parce que l'argent, mon ami, est un outil. Rien de plus, rien de moins. Mais gare à celui qui confond l'outil avec son maître.** "

Cette anecdote, bien qu'imaginaire, reflète parfaitement la pensée d'Aristote. Pour lui, la richesse n'était ni bonne ni mauvaise. Tout dépendait de l'usage qu'on en faisait. Dans ses écrits, il différenciait deux formes de richesse : celle qui servait à satisfaire des besoins réels, qu'il considérait légitime, et celle accumulée pour elle-même, qu'il jugeait dénaturée. Cette réflexion reste au cœur de notre rapport moderne à l'argent : est-il un moyen ou une fin ? Revenons sur les visions d'autres grandes figures qui, comme Aristote, ont façonné notre perception de la richesse.

Les Philosophes de l'Antiquité : Des Sages et des Dilemmes

"**Platon**", le mentor d'Aristote, avait une position plus critique vis-à-vis de la richesse. Dans "**La République**", il soulignait que l'accumulation excessive d'argent corrompait les âmes et détournait les citoyens de la vertu. Pour lui, une société idéale devait limiter les inégalités de richesse pour préserver l'harmonie collective. Il prônait une vie simple, guidée par la recherche du bien commun plutôt que des possessions matérielles.

Prenons un autre exemple : "Diogène de Sinope", le célèbre philosophe cynique. Vivant dans un tonneau, il rejetait toute forme de richesse matérielle, affirmant qu'un homme véritablement libre n'avait besoin de rien. Un jour, Alexandre le Grand lui demanda ce qu'il pouvait faire pour lui, et Diogène répondit : " **Ôte-toi de mon soleil.** " Une réponse qui démontre une forme ultime de détachement face au pouvoir et à l'argent.

Ces pensées anciennes ne sont pas de simples reliques philosophiques. Elles posent les bases de nos débats contemporains sur les inégalités, la consommation et le sens de la richesse dans nos vies.

Les Pionniers du Capitalisme : La Montée d'une Nouvelle Philosophie

Avec l'avènement des sociétés marchandes et de la révolution industrielle, la richesse prit un tournant radical. Ce n'était plus simplement une question de suffisance ou de vertu, mais d'accumulation, d'expansion, et d'investissement.

"**Adam Smith**", souvent qualifié de père de l'économie moderne, apporta une nouvelle perspective avec son ouvrage "La Richesse des Nations". Contrairement aux philosophes antiques, il voyait dans la poursuite de la richesse une force positive pour la société. Sa célèbre "main invisible" décrivait comment l'intérêt personnel, bien encadré, pouvait conduire à la prospérité collective. Selon lui, ce n'était pas la richesse elle-même qui posait un problème, mais les structures injustes qui empêchaient son juste partage.

Dans ce contexte, pensons à **Benjamin Franklin**, l'une des figures marquantes des débuts du capitalisme en Amérique. Franklin prônait l'épargne, la discipline, et le travail acharné comme piliers de la réussite financière. Sa maxime célèbre, « Un sou épargné est un sou gagné », est encore citée aujourd'hui.

Figures Spirituelles et Visionnaires : L'Éthique de la Richesse

Tout au long de l'Histoire, certains penseurs spirituels ont aussi influencé notre perception de l'argent. Prenons l'exemple de "Saint-François d'Assise", qui renonça à sa richesse pour vivre dans la pauvreté. Pour lui, le dépouillement matériel était une forme de purification spirituelle, une voie vers la véritable liberté.

Dans une perspective différente, "Max Weber", sociologue du XXe siècle, fit un lien fascinant entre la religion et le capitalisme. Dans "L'Éthique protestante et l'esprit du capitalisme", il montra comment la quête de richesse, autrefois perçue comme un vice, devint une vertu dans certaines cultures protestantes. Le travail acharné et la frugalité, valorisés dans ces communautés, contribuèrent à l'essor des économies capitalistes modernes.

Une Vision Éclairante pour Aujourd'hui

Si on devait tirer un fil rouge entre toutes ces figures historiques, ce serait leur capacité à poser une question essentielle : pourquoi cherchons-nous à accumuler de la richesse ? Est-ce pour nourrir nos besoins, assurer notre liberté, ou combler un vide intérieur ? Chacune de ces visions apporte une facette de réponse, mais aucune n'offre une vérité absolue.

Prenons un exemple concret : Regardez l'histoire de "Andrew Carnegie", l'un des hommes les plus riches de son époque. Après avoir bâti un empire dans l'acier, il consacra la fin de sa vie à redistribuer sa fortune. Dans son essai **"The Gospel of Wealth"**, Carnegie affirmait que les riches avaient le devoir moral d'utiliser l'argent pour le bien de la société. Un modèle de philanthropie qui continue d'inspirer aujourd'hui des figures comme Bill Gates ou Warren Buffett.

Pour finir, les réflexions d'Aristote, les visions d'Adam Smith, ou encore les choix de Carnegie ne sont pas de simples récits du passé. Elles éclairent nos propres dilemmes face à la richesse : devons-nous la voir comme une responsabilité ? Une opportunité ? Ou un piège ?

Comprendre l'histoire des idées autour de l'argent, c'est ouvrir une porte sur nos propres valeurs et priorités. Et, en y réfléchissant bien, chaque vision historique nous invite à une réflexion personnelle : que représente réellement l'argent pour nous, dans notre quotidien ?

2.3 : L'Argent et les Relations Humaines à Travers les Âges

L'argent n'a pas seulement transformé les sociétés et l'économie ; il a également influencé les relations humaines. Depuis l'Antiquité, l'argent a joué un rôle central dans la structuration des relations sociales et des hiérarchies. Que ce soit par le biais du mariage, des alliances politiques ou des échanges commerciaux, la monnaie a toujours influencé la manière dont les individus et les groupes interagissent.

Un exemple marquant est celui de la dot dans les mariages traditionnels. Pendant des siècles, la dot, souvent sous forme de biens ou de monnaie, a servi de monnaie d'échange entre familles pour sceller des alliances. Le mariage n'était alors pas uniquement une affaire d'amour, mais aussi un acte économique. La dot représentait une manière pour les familles de renforcer leur statut social ou d'acquérir des avantages matériels. Ce système illustre bien comment l'argent a longtemps été au cœur des relations humaines, régulant non seulement les relations de pouvoir, mais aussi les liens familiaux.

Anecdote : La Lettre de Cicéron à Son Ami Atticus

Pour illustrer l'influence de l'argent sur les relations humaines, l'échange épistolaire entre le philosophe romain Cicéron et son ami Atticus est particulièrement révélateur. Dans l'une de ses lettres, Cicéron confie à Atticus son dilemme financier : il est accablé par des dettes, mais craint de solliciter un prêt, de peur que cela affecte son amitié avec lui. Cet échange montre à quel point l'argent pouvait être un sujet sensible et délicat, même entre amis proches. À cette époque, les dettes et les obligations financières pouvaient facilement transformer des relations amicales en rapports de dépendance et d'inégalité. Cicéron, figure de la philosophie et de la morale romaine, se retrouvait donc lui-même confronté aux dilemmes éthiques que posait l'argent.

À travers cet exemple, on voit comment l'argent, au-delà de sa fonction économique, a le pouvoir de redéfinir les liens humains. Cicéron, en s'interrogeant sur la nature de sa relation avec Atticus, nous invite à réfléchir à la manière dont l'argent influence subtilement nos propres rapports interpersonnels.

L'Héritage de l'Argent dans le Monde Moderne

Aujourd'hui, les dynamiques autour de l'argent se sont complexifiées, mais certains principes demeurent. Les relations humaines sont encore profondément influencées par les considérations financières. De nos jours, les inégalités économiques sont parmi les plus grands défis pour les sociétés. La répartition de la richesse, les disparités de revenus et l'accessibilité des ressources créent des tensions et affectent les rapports sociaux, que ce soit au niveau individuel ou international.

Le développement du capitalisme au XVIIIe siècle et l'essor de la mondialisation au XXe siècle ont considérablement élargi le champ d'action de l'argent. Nous vivons dans une société où l'argent est non seulement un moyen d'échange, mais aussi un outil d'influence et de pouvoir. Les enjeux liés à l'argent et à la richesse continuent de façonner nos structures sociales et notre perception de la réussite.

En fin de compte, comprendre l'histoire de l'argent, c'est donc comprendre une part de nous-mêmes, car l'argent façonne encore aujourd'hui nos valeurs, nos comportements et nos interactions sociales. Dans les prochains chapitres, nous explorerons comment ces concepts se manifestent dans notre vie quotidienne et comment la psychologie de l'argent influence nos choix, notre bonheur et nos relations.

2.4 : L'évolution des émotions liées à l'argent

L'histoire de l'argent n'est pas seulement celle des pièces, des billets ou des chiffres bancaires. C'est aussi une saga d'émotions humaines. À chaque époque, l'argent a incarné bien plus qu'un moyen d'échange : il a été un symbole de pouvoir, une promesse de sécurité ou encore un objet de crainte. Ces émotions, qui nous semblent parfois personnels, sont en réalité ancrées dans des siècles d'histoires et de transformations sociales.

L'argent, un symbole de pouvoir à travers les âges

Dans les premières civilisations, l'argent n'avait pas la forme que nous lui connaissons aujourd'hui, mais il représentait déjà le pouvoir. Prenons l'exemple de la Mésopotamie, où les grains d'orge servaient de monnaie d'échange. Celui qui possédait de vastes réserves d'orge détenait non seulement une richesse matérielle, mais aussi une autorité symbolique sur sa communauté.

Avec l'apparition des pièces de monnaie dans la Grèce antique, l'argent a pris une nouvelle dimension. Aristote lui-même considérait la monnaie comme un moyen d'échange, mais aussi un symbole de confiance dans une société organisée. Cependant, ce n'était pas qu'une question de commerce : les cités-États les plus riches étaient souvent celles qui imposaient leur domination sur leurs voisines. Détenir de l'argent, c'était détenir une part de ce pouvoir.

Anecdote historique : À l'IVe siècle avant J.-C., Alexandre le Grand a utilisé la frappe de pièces en or pour propager son image de conquérant invincible à travers son empire. Ces pièces, portant son visage, n'étaient pas qu'un moyen de paiement : elles étaient un message. Chaque pièce rappelait à ceux qui la tenaient qu'Alexandre était maître de leur monde.

L'argent comme promesse de sécurité

Avec le temps, l'argent a commencé à jouer un rôle plus intime dans la vie des individus. Il n'était plus seulement un outil de pouvoir, mais une garantie contre l'incertitude. Au Moyen Âge, alors que l'économie reposait sur le troc dans de nombreuses régions d'Europe, les premières banques ont vu le jour en Italie. Ces institutions promettaient quelque chose de révolutionnaire : la sécurité des biens.

Les marchands, fatigués de transporter de lourdes pièces d'or à travers des routes périlleuses, ont trouvé refuge dans les billets de change. Ces morceaux de papier représentaient une nouvelle forme de confiance : l'argent pouvait être protégé, et avec lui, un sentiment de stabilité.

Exemple émotionnel : Imaginez un marchand vénitien du XIIIe siècle, embarquant pour une route commerciale dangereuse. Laisser son or à la banque et voyager avec un simple billet, c'était un acte de foi, mais aussi une source de soulagement immense. Cet apaisement émotionnel, offert par la sécurité bancaire, a posé les bases de la relation de confiance que nous entretenons encore aujourd'hui avec nos institutions financières.

La crainte de l'argent et des crises économiques

Si l'argent a souvent été un allié, il a aussi été une source d'angoisse, surtout lors des périodes de crise. La Grande Dépression des années 1930 en est un exemple marquant. Pendant cette période, la valeur de l'argent semblait s'évaporer du jour au lendemain, plongeant des millions de personnes dans l'incertitude.

Étude de cas : La panique bancaire

Aux États-Unis, des files interminables se formaient devant les banques. Les gens, pris de peur, voulaient retirer leurs économies, craignant que leurs billets ne vaillent bientôt plus rien. Cette anxiété collective illustre un paradoxe fascinant : l'argent, censé être une source de sécurité, devenait une cause majeure de stress.

Mais cette crainte ne s'est pas arrêtée là. Dans les décennies suivantes, les gouvernements et les banques centrales ont dû travailler dur pour regagner la confiance du public. La création de politiques monétaires stables et de garanties bancaires n'a pas seulement eu un impact économique : elle a aussi apaisé les peurs psychologiques associées à l'argent.

L'argent dans les sociétés modernes : entre espoir et insécurité

Aujourd'hui, les émotions liées à l'argent n'ont rien perdu de leur intensité. Avec la montée des monnaies numériques comme le Bitcoin, nous voyons un mélange d'excitation et de scepticisme. D'un côté, ces nouvelles formes de monnaie promettent une liberté financière jamais vue auparavant. De l'autre, elles suscitent des peurs quant à leur volatilité et leur manque de régulation.

Prenons l'exemple d'un investisseur amateur : Lorsqu'il voit le cours du Bitcoin fluctuer violemment, il ressent un mélange d'espoir (quand les prix montent) et de peur (quand ils chutent). Cette dualité émotionnelle est un rappel puissant : même si l'argent évolue technologiquement, son impact émotionnel reste constant.

Un symbole intemporel

À travers l'histoire, l'argent a toujours été bien plus qu'un simple outil d'échange. Il a porté nos espoirs, nos peurs et nos ambitions. Que ce soit sous la forme d'orge, de pièces d'or, de billets ou de crypto-monnaies, il reflète nos valeurs et nos émotions.

Et si, aujourd'hui, nous prenions un moment pour réfléchir à notre propre relation à l'argent ? Est-il pour nous une source de stress, de pouvoir ou de sécurité ? Cette réflexion pourrait être le premier pas vers une relation plus saine avec ce qui n'est, au fond, qu'un miroir de notre humanité.

Chapitre 3 : Psychologie de la Richesse et de la Pauvreté

Assis sur un banc usé, au milieu d'une place animée, un vieil homme regardait passer les gens. Certains marchaient d'un pas rapide, des sacs à la main, l'air pressé, tandis que d'autres traînaient des pieds, jetant des coups d'œil furtifs à une pièce qui roulait sur le trottoir. Entre ce bruit de vie, il se murmurait une vérité vieille comme le monde : ce n'est pas l'argent qui nous définit, mais la manière dont il habite nos pensées.

D'un côté, la richesse, souvent vue comme un symbole de réussite, suscite l'admiration et, parfois, l'envie. De l'autre, la pauvreté est entourée d'un mélange complexe de compassion, de stigmatisation et d'incompréhension. Pourtant, derrière ces apparences, il y a un mécanisme bien plus profond : notre perception. C'est là que naissent les vraies frontières entre ceux qui s'estiment abondants et ceux qui se sentent toujours en manque.

Alors, comment expliquer que certains voient dans l'argent une liberté, tandis que d'autres n'y trouvent que des chaînes ? Pourquoi les croyances sur la richesse s'ancrent-elles si profondément dans notre esprit ? Et surtout, comment ces idées influencent-elles la manière dont nous vivons, travaillons et rêvons ?

Ce chapitre explore les racines mentales de ces états d'esprit, entre blocages invisibles et aspirations audacieuses, pour dévoiler ce qui forge notre relation intime à la richesse.

3.1 : Analyse des différences psychologiques entre les personnes riches et pauvres

Assis au comptoir d'un café, deux hommes discutaient. L'un, vêtu d'un costume parfaitement taillé, parlait d'opportunités, d'investissements, et de ses projets pour les cinq prochaines années. L'autre, portant un pull élimé, partageait ses inquiétudes sur ses factures, son loyer en retard, et son souhait, bien simple, d'avoir une vie un peu plus confortable. Les deux vivaient dans la même ville, respiraient le même air, mais leur monde intérieur était à des années-lumière l'un de l'autre.

Ce contraste, plus fréquent qu'on ne le croit, trouve ses racines dans la psychologie. La richesse et la pauvreté ne sont pas uniquement des états financiers : elles s'impriment profondément dans nos pensées, nos croyances et nos choix.

Les croyances fondamentales : l'abondance contre la rareté

Les personnes riches ont souvent un état d'esprit axé sur l'abondance. Elles perçoivent le monde comme un terrain fertile, rempli d'opportunités à saisir. Cet état d'esprit les pousse à investir, à prendre des risques calculés, et à voir l'échec comme une étape vers le succès. Par exemple, Warren Buffett, l'un des hommes les plus riches du monde, n'a pas accumulé sa fortune en évitant les risques. Il a appris à analyser, à patienter, et à voir chaque perte comme une leçon.

À l'inverse, les personnes pauvres, souvent piégées dans un état d'esprit de rareté, se concentrent sur la survie immédiate. Quand on ne sait pas comment payer son prochain repas, difficile de réfléchir à long terme. Cela entraîne des choix plus prudents, parfois au détriment de leur avenir. Une étude célèbre menée par l'université de Princeton a montré que le stress lié à la pauvreté peut réduire la capacité à prendre des décisions rationnelles, créant un cercle vicieux où les mauvaises décisions amplifient les difficultés.

Les relations avec l'argent

La manière dont on perçoit l'argent est aussi un indicateur clé. Les personnes riches voient fréquemment l'argent comme un outil : il sert à créer de la valeur, à générer encore plus d'opportunités. Par exemple, un entrepreneur peut réinvestir ses gains dans son entreprise, dans la formation de son équipe ou dans des projets innovants.

En revanche, les personnes pauvres ont occasionnellement une vision différente, influencée par des expériences passées ou des messages culturels. L'argent peut être perçu comme une source de problèmes ou un symbole d'injustice. Cela se traduit par des comportements comme l'évitement de discussions financières ou une consommation impulsive, souvent motivée par le besoin de soulagement immédiat.

L'éducation financière, un facteur déterminant

Un autre élément marquant : l'accès à l'éducation financière. Les riches, dès leur plus jeune âge, sont généralement exposés à des concepts tels que l'épargne, les investissements et la gestion des risques. Prenons l'exemple de Donald Miller, un jeune investisseur qui, à 12 ans, comprenait déjà les bases du marché boursier grâce à ses parents. Ces enseignements précoces façonnent des comportements intelligents à l'âge adulte.

Les personnes issues de milieux défavorisés, en revanche, ne reçoivent souvent aucune éducation financière. Dans certaines familles, parler d'argent est même tabou. Cela crée un fossé de connaissances qui peut être difficile à combler, même avec les meilleures intentions.

Les choix de vie influencés par ces différences

Cette divergence psychologique impacte des aspects clés de la vie quotidienne.

1. La prise de risque

Les riches osent prendre des risques, car ils voient dans l'échec une opportunité d'apprendre. Elon Musk, par exemple, a risqué une grande partie de sa fortune personnelle pour développer Tesla et SpaceX. Les personnes moins aisées, face à un avenir incertain, préfèrent jouer la sécurité, évitant des décisions qui pourraient potentiellement améliorer leur situation.

2. Les habitudes de consommation

Les riches investissent dans des actifs qui génèrent de la valeur, comme l'immobilier ou des actions. Les pauvres, confrontés à la pression immédiate, ont tendance à dépenser leur argent dans des biens de consommation rapide. Cette différence crée une disparité croissante avec le temps.

3. Les relations sociales

Les riches cultivent des réseaux qui les soutiennent dans leurs projets. Ces connexions leur offrent des opportunités que d'autres ne peuvent pas imaginer. Les personnes pauvres, souvent entourées par ceux qui partagent leurs difficultés, n'ont pas accès aux mêmes cercles de soutien.

Les exemples historiques

Pour illustrer cette idée, regardons deux figures emblématiques : Benjamin Franklin et Diogenes de Sinope. Franklin, connu pour son esprit pratique et son obsession pour l'autodiscipline, a construit sa fortune en combinant des croyances positives sur la richesse avec des efforts constants. Diogenes, philosophe grec célèbre pour son cynisme, rejetait la richesse matérielle, vivant volontairement dans la pauvreté. Ces deux visions montrent que la richesse ou la pauvreté mentale transcendent la simple possession d'argent.

Comment changer de perspective ?

La bonne nouvelle : ces schémas ne sont pas gravés dans le marbre. En cultivant un état d'esprit axé sur la croissance et en apprenant les bases de la gestion financière, il est possible de passer d'une mentalité de rareté à une mentalité d'abondance. Des livres comme "**Rich Dad Poor Dad**" de Robert Kiyosaki ou "**The

Psychology of Money" de Morgan Housel offrent des pistes pour changer sa relation avec l'argent.

Cette transformation demande de la patience, de l'effort, et parfois même un soutien extérieur. Mais comme le disait Franklin, "L'investissement dans la connaissance rapporte toujours les meilleurs intérêts."

3.2 : Effets de l'Argent sur l'Estime de Soi et la Perception du Succès

L'argent, par sa simple présence ou son absence, exerce une influence profonde sur l'estime de soi et la perception du succès. Que l'on en ait en abondance ou que l'on en manque, l'argent joue souvent un rôle déterminant dans notre image de soi et dans ce que nous considérons comme une vie accomplie. Mais comment l'argent parvient-il à façonner notre estime de nous-même ? Et en quoi cette perception influence-t-elle notre conception du succès ?

L'Argent Comme Miroir de l'Estime de Soi

L'argent peut facilement devenir un miroir dans lequel nous projetons nos propres valeurs et notre perception de nous-mêmes. Pour beaucoup, l'argent représente bien plus qu'un simple moyen d'échange ; il est un reflet de notre réussite, de notre valeur personnelle et de notre position dans la société. Les personnes qui ont grandi dans des milieux où la réussite était étroitement associée à l'argent peuvent ressentir que leur valeur personnelle dépend directement de leur richesse. Cette croyance peut les pousser à consacrer leur énergie et leur temps à accumuler des biens et à gravir les échelons professionnels pour se sentir valorisés.

Prenons l'exemple de Julien, un entrepreneur qui a bâti sa première entreprise dans l'espoir d'atteindre l'indépendance financière. Ayant grandi dans un environnement modeste, il rêvait de prouver qu'il pouvait réussir malgré les difficultés de son enfance. À ses yeux, le succès et la valeur personnelle étaient synonymes de prospérité matérielle. Les premiers succès de son entreprise lui ont apporté un sentiment de validation, renforçant son estime de soi. Cependant, au fur et à mesure que son entreprise prospérait, il se rendait compte que ce succès ne le satisfaisait pas entièrement. Ce qu'il cherchait réellement n'était pas seulement la richesse matérielle, mais la reconnaissance de ses compétences et de ses efforts.

Cet exemple montre que, pour beaucoup, l'argent devient un critère central de leur estime de soi, ce qui peut être une arme à double tranchant. En effet, cette quête de validation externe, fondée sur des éléments matériels, peut parfois masquer un besoin plus profond de reconnaissance personnelle, indépendamment de la richesse.

La Perception du Succès à Travers le Prisme de l'Argent

Le succès est une notion subjective, mais dans de nombreux contextes, il est étroitement lié à la richesse. Ce conditionnement est renforcé par la société qui, en célébrant les histoires de réussite financière, associe inconsciemment le succès à la possession d'un grand pouvoir d'achat, de biens matériels ou de signes extérieurs de richesse. Pourtant, cette vision est loin d'être universelle : pour certains, le succès peut être défini par des accomplissements qui ne dépendent pas de l'argent, comme l'épanouissement personnel, les relations de qualité ou la contribution à la communauté.

Cette diversité de perceptions est bien illustrée par l'histoire de Warren Buffett, l'un des investisseurs les plus riches du monde. Malgré sa fortune, Buffett est célèbre pour son mode de vie frugal et pour sa définition du succès, qu'il ne limite pas à l'accumulation de richesses. Il vit dans la même maison depuis plusieurs décennies et n'a jamais ressenti le besoin de dépenser de façon ostentatoire. Pour Buffett, le succès est davantage lié à la satisfaction personnelle, à la passion pour son travail et à la capacité de vivre selon ses propres valeurs, plutôt qu'à l'affichage de sa fortune.

Ce contraste entre les perceptions du succès soulève une question cruciale : en quoi notre définition du succès est-elle influencée par notre rapport à l'argent ? Pour ceux qui, comme Buffett, considèrent l'argent comme un moyen et non une fin, le succès est une question d'épanouissement personnel et de respect de ses propres principes. Pour d'autres, le succès reste inextricablement lié aux richesses matérielles, ce qui peut les amener à placer leur estime de soi dans l'accumulation de biens visibles.

Effet de l'Absence ou de l'Abondance d'Argent sur l'Estime de Soi

L'absence d'argent a souvent des effets immédiats et profonds sur l'estime de soi. Lorsque les besoins de base sont difficiles à satisfaire, la perception de soi peut être érodée, car les individus ressentent une pression sociale qui les amène à se comparer aux autres. Dans les situations de précarité, l'argent devient un sujet central de préoccupation, et les échecs financiers peuvent facilement être interprétés comme des échecs personnels. L'absence de richesse devient alors, aux yeux de certains, un manque de valeur, contribuant à une baisse de l'estime de soi et à une vision pessimiste de l'avenir.

L'abondance, en revanche, ne garantit pas toujours une estime de soi stable. Ceux qui accumulent de la richesse peuvent également être exposés à des doutes existentiels, surtout si leur fortune n'est pas accompagnée d'un sentiment de réalisation personnelle. Dans ce cas, ils peuvent ressentir un besoin constant de validation, cherchant parfois à prouver leur valeur en accumulant davantage de biens matériels ou en poursuivant des réussites apparentes. Le risque ici est de tomber dans un cycle auquel l'argent devient la seule mesure de la valeur personnelle, sans pour autant garantir la satisfaction intérieure.

Anecdote : L'Impact de l'Argent sur la Perception de Soi et des Autres

Un cas marquant est celui de Jack Ma, le fondateur d'Alibaba et l'une des figures emblématiques de la réussite entrepreneuriale en Chine. Avant de devenir milliardaire, Ma enseigne l'anglais dans une petite école et vivait avec des moyens modestes. Après avoir connu un succès retentissant, il a partagé des réflexions profondes sur la richesse, soulignant que, bien que l'argent offre des opportunités, il ne change pas fondamentalement la personne que l'on est. Ma a reconnu qu'il avait dû faire un travail personnel pour ne pas laisser sa fortune altérer ses valeurs et ses perceptions de lui-même. À ses yeux, la véritable valeur réside dans la contribution sociale et dans l'impact qu'il peut avoir en soutenant des initiatives éducatives et culturelles.

L'expérience de Ma nous rappelle que, même avec une abondance financière, l'estime de soi et la perception de la réussite doivent s'ancrer dans des valeurs solides. La richesse n'efface ni les doutes ni les insécurités, et elle peut même parfois les amplifier, en imposant une pression supplémentaire pour se maintenir au sommet.

Pour conclure, l'argent, qu'il soit abondant ou absent, a le pouvoir d'influencer profondément l'estime de soi et la perception du succès. Cependant, en explorant ces dynamiques, nous voyons que la richesse matérielle, bien qu'importante, n'est qu'une composante de l'équation du bien-être personnel. Les exemples de figures comme Warren Buffett et Jack Ma illustrent que le succès véritable et l'estime de soi authentique ne se mesurent pas uniquement en termes financiers, mais dans la capacité de rester fidèle à soi-même et de cultiver un sentiment d'accomplissement personnel.

Ainsi, l'argent peut certes modeler notre perception de la réussite, mais il nous appartient de définir cette réussite selon des critères qui dépassent la simple accumulation matérielle. C'est un rappel que le bien-être, l'épanouissement et l'estime de soi dépendent, avant tout, de nos valeurs et de la manière dont nous choisissons de vivre, indépendamment de notre niveau de richesse.

3.3 : Le Cycle de la Richesse et de la Pauvreté - Les Croyances d'Enfance et le Comportement Financier

Chaque jour, des décisions se prennent autour de l'argent – que ce soit acheter une voiture, investir dans un projet, ou même simplement épargner. Derrière ces décisions se cachent des croyances souvent invisibles, profondément ancrées, issues de l'enfance. Ces croyances sont comme des racines enfouies sous la surface, façonnant les comportements financiers, la vision de la richesse et de la pauvreté, et les perspectives de succès ou d'échec économique.

Pour comprendre ce qui pousse certaines personnes à accumuler de la richesse tandis que d'autres semblent rester emprisonnées dans des schémas de pauvreté, il est essentiel d'explorer comment l'enfance influe sur nos choix financiers en tant qu'adultes. Parfois, ce sont les messages subtils transmis par les parents, parfois ce sont des phrases entendues au détour d'une conversation. Mais une chose est sûre : ces croyances s'enracinent, et, qu'on en soit conscient ou non, elles déterminent habituellement notre rapport à l'argent pour le reste de notre vie.

Une Vision du Monde Transmise en Héritage

Prenons l'exemple de Marc. Dans son enfance, Marc voyait sa mère économiser chaque centime, choisir les produits les moins chers, et reporter chaque achat non essentiel. Elle répétait souvent :

« L'argent, c'est la sécurité, il ne faut pas le gaspiller. » Pour elle, le monde financier était un terrain de risques, quelque chose d'instable, voire dangereux. Alors, Marc a grandi avec la conviction que l'argent devait être épargné, presque caché, pour être protégé de toute menace.

Devenu adulte, Marc a décroché un bon poste et touchait un salaire confortable. Pourtant, malgré ses revenus, il avait du mal à se faire plaisir ou à investir. À chaque dépense, une voix intérieure lui rappelait les mots de sa mère. Cette peur de l'incertitude financière, héritée de son enfance le poussait à garder ses économies dormantes, sans envisager d'investir ou de se faire plaisir. Marc voyait l'argent comme un bouclier contre les imprévus de la vie, un garde-fou qui ne devait jamais être compromis.

Mais la vie de Marc contraste avec celle de son collègue, Adrien, qui a grandi dans une famille où l'on parlait de l'argent comme d'un moyen de réaliser des rêves et de créer des opportunités. Chez lui, l'argent n'était pas perçu comme une fin en soi, mais comme un levier pour construire des projets. Les parents d'Adrien l'encourageaient à prendre des risques mesurés à saisir des opportunités et à ne pas craindre les échecs. Adrien a donc grandi avec la conviction que l'argent pouvait toujours revenir si l'on investissait bien, que les pertes étaient des leçons, et que la richesse pouvait être un cycle en constant mouvement.

La Force de l'Inconscient dans le Cycle de la Richesse et de la Pauvreté

Les exemples de Marc et d'Adrien révèlent comment les croyances de l'enfance se perpétuent souvent inconsciemment. Beaucoup de ces convictions financières ne sont même pas le fruit de décisions conscientes. Elles sont profondément implantées dans notre psyché, absorbées comme des vérités universelles que nous portons en nous sans jamais les remettre en question. Ce sont des héritages invisibles que nous traînons, influençant nos choix et nos priorités, bien au-delà des simples questions financières.

Les croyances limitantes sont particulièrement insidieuses. Par exemple, pour une personne issue d'un milieu modeste, entendre constamment des phrases comme" Les riches sont égoïstes " ou " L'argent ne pousse pas sur les arbres " peut donner naissance à des comportements d'évitement. Ces personnes peuvent se saboter inconsciemment, refusant les opportunités financières par peur de trahir ces valeurs intégrées dans leur enfance. Le cycle de la pauvreté, dans ce cas, peut être alimenté par une peur inconsciente de devenir ce que l'on critique.

L'Influence des Modèles : Leçons Directes et Indirectes

Il est courant que les enfants absorbent non seulement les mots, mais aussi les comportements financiers de leurs parents. Dans une famille où l'on traite les factures comme un cauchemar ou où l'on frissonne en voyant l'arrivée de l'avis d'imposition, l'enfant intègre naturellement la peur et l'anxiété liées aux finances. À l'inverse, un foyer où l'on discute de la planification budgétaire ou de la gestion des investissements dans une atmosphère sereine transmet une image plus constructive et sereine de la gestion de l'argent.

Dans certaines cultures ou communautés, des croyances collectives autour de l'argent peuvent également façonner les comportements. Dans certaines familles, on enseigne l'importance de partager et de redonner à la communauté comme priorité, avant même d'accumuler des richesses personnelles. Dans d'autres, l'épargne et l'indépendance financière sont des valeurs centrales. Ces croyances collectives peuvent influencer la manière dont une personne voit ses finances, mais aussi la façon dont elle les perçoit au sein de la société.

Une Anecdote Inspirante : Libérer les Croyances Limitantes

Marie, qui a grandi dans une famille modeste, avait absorbé l'idée que la richesse était réservée aux autres. Elle se sentait constamment en retrait, persuadée que les "gens comme elle" ne pouvaient pas aspirer à une vraie sécurité financière. Même en travaillant dur, elle n'arrivait pas à accumuler de l'argent. Un jour, elle décida de consulter un coach financier qui lui fit prendre conscience de cette croyance limitante. Pour la première fois, elle comprit que ce sentiment de n'être pas "faite pour la richesse" n'était qu'une conviction héritée de son enfance, et qu'elle avait le pouvoir de la transformer.

Cette prise de conscience changea sa vie. En réévaluant ses croyances et en établissant de nouveaux objectifs, Marie réussit non seulement à économiser, mais aussi à investir dans un petit projet immobilier. Elle réalisa alors qu'il ne s'agissait pas uniquement de technique ou de stratégie, mais surtout d'un changement de perspective. Marie illustre combien il est possible de briser les cycles hérités, pour peu qu'on ait la volonté de déconstruire et de reconstruire ses propres croyances.

Reprogrammer ses Croyances pour Repenser sa Relation à l'Argent

Briser le cycle de la pauvreté ou de la richesse héritée n'est pas un exercice facile, mais il est essentiel pour ceux qui aspirent à changer leur trajectoire financière. La reprogrammation des croyances financières consiste à examiner de près ce que nous pensons de l'argent et à évaluer si ces idées nous servent ou nous desservent. Cette démarche commence par une prise de conscience et se poursuit par des actions concrètes visant à adopter de nouvelles habitudes financières.

Par exemple, une personne qui a grandi avec la conviction que "l'argent est source de problèmes" peut commencer à se familiariser avec des pratiques financières plus positives. Elle peut choisir de se fixer des objectifs financiers concrets, de se former aux investissements ou de lire des ouvrages inspirants qui offrent une vision différente de la richesse.

De même, ceux qui ont intégré des croyances autour de la rareté peuvent travailler à développer une mentalité d'abondance. Cela ne signifie pas dépenser sans compter, mais plutôt voir les finances comme une source de liberté et de possibilités, plutôt qu'un fardeau.

En fin de compte, le cycle de la richesse et de la pauvreté est en grande partie déterminé par les croyances que nous avons absorbées dans notre enfance. Cependant, il ne doit pas être vu comme une fatalité. Avec une réflexion et des efforts conscients, il est possible de redéfinir sa relation à l'argent, de se libérer des schémas hérités et d'ouvrir la voie à une nouvelle autonomie financière. Nos histoires familiales peuvent marquer notre point de départ, mais elles ne doivent pas définir notre destination.

Il est ainsi possible de bâtir une relation saine et équilibrée avec l'argent en réexaminant les leçons et les croyances de notre passé, en cultivant de nouvelles perspectives et en adoptant des comportements qui favorisent notre bien-être économique. Pour chaque croyance limitante, il existe une alternative constructive, et il appartient à chacun de la découvrir et de l'intégrer.

3.4 : Les émotions extrêmes face à l'abondance ou au manque

L'argent, qu'il s'agisse d'une montagne d'or ou d'un simple sou, ne laisse personne indifférent. Il agit comme un amplificateur émotionnel, mettant en lumière nos plus grandes peurs et nos plus profondes insécurités. Être riche ou pauvre peut créer des émotions intenses, souvent imprévues, qui façonnent notre rapport au monde, aux autres et à nous-mêmes.

La peur de la perte : un fardeau pour les riches

Quand on parle de richesse, on imagine fréquemment la liberté totale, les rêves réalisés et une vie à l'abri des soucis. Pourtant, derrière les rideaux dorés, la peur de perdre tout ce qui a été accumulé peut devenir omniprésente. Cette peur, bien plus fréquente qu'on ne le pense, pousse certains à s'accrocher à leur fortune comme si leur vie en dépendait.

Prenons l'exemple de Howard Hughes, célèbre milliardaire américain. Malgré sa fortune immense, Hughes vivait dans une paranoïa constante, obsédé par l'idée qu'il pourrait perdre tout ce qu'il avait. Il multipliait les mesures de sécurité, évitait les contacts humains, et accumulait des biens matériels sans fin. Sa peur irrationnelle de la ruine l'a enfermé dans une prison mentale, où chaque dollar devenait une chaîne.

Un autre exemple plus moderne est celui de certaines personnalités célèbres du monde des affaires. Même après avoir atteint des sommets financiers, ils continuent à travailler frénétiquement, incapables de ralentir. Leur richesse, au lieu d'être une source de sérénité, devient un poids. Cette peur de perdre ce qu'ils possèdent peut les pousser à adopter des comportements obsessionnels : vérification compulsive de leurs investissements, accumulation de biens inutiles ou refus de prendre des risques, même mesurés.

Ces exemples montrent que la richesse ne garantit pas la paix intérieure. Au contraire, elle peut parfois exacerber des sentiments d'insécurité, particulièrement chez ceux qui ont grandi dans des environnements avec lesquels la pauvreté régnait. Les traumatismes financiers de l'enfance peuvent ainsi influencer des comportements adultes, même dans un contexte d'abondance.

L'insécurité émotionnelle des plus démunis

À l'autre bout du spectre, la pauvreté chronique laisse des cicatrices émotionnelles profondes. Vivre dans un état constant de manque ne touche pas seulement le portefeuille, mais aussi l'âme. L'incapacité de satisfaire les besoins fondamentaux peut engendrer un sentiment d'échec, une perte de dignité, et une fatigue psychologique épuisante.

Un exemple poignant est celui d'Anna, une mère célibataire vivant sous le seuil de pauvreté. Chaque jour, elle jonglait entre ses factures impayées, ses enfants à nourrir, et un travail précaire. Son insécurité financière ne la quittait jamais. Elle se demandait constamment si elle aurait assez pour tenir jusqu'à la fin du mois. Cette pression constante l'a plongée dans un état de stress permanent, affectant son sommeil, ses relations, et même sa santé.

Ce genre de vécu n'est pas rare. Une étude menée par l'Université de Princeton a révélé que les personnes vivant dans la pauvreté ont souvent du mal à se concentrer sur autre chose que leur situation financière. Leur cerveau est accaparé par des pensées répétitives autour de la survie, ce qui peut réduire leur capacité à prendre des décisions rationnelles. Cela crée un cercle vicieux où la pauvreté entraîne plus de pauvreté.

L'abondance et le manque : deux faces d'une même pièce

Ce qui relie les riches craignant la perte à ceux qui vivent dans le besoin, c'est l'émotion. L'argent, qu'il soit en trop ou en trop peu, peut dominer nos pensées et nos actions. Les riches cherchent à préserver leur fortune, tandis que les pauvres luttent pour en obtenir suffisamment. Dans les deux cas, l'argent devient le centre de l'existence, au détriment du reste.

Cependant, ces émotions extrêmes peuvent être apaisées en comprenant mieux leur origine. Dans le cas des riches, il s'agit souvent de redéfinir ce que signifie la sécurité. Une approche basée sur la gratitude et l'acceptation peut réduire la peur de la perte. Par exemple, apprendre à reconnaître que la valeur personnelle ne dépend pas de la richesse peut libérer un poids immense.

Pour ceux qui souffrent du manque, il est essentiel de briser le cycle de l'insécurité. Cela peut commencer par des mesures simples, comme l'accès à l'éducation financière ou des systèmes de soutien communautaire. Par exemple, dans certaines régions rurales d'Afrique, les coopératives d'épargne permettent aux familles les plus pauvres de créer un filet de sécurité. Ces initiatives, bien que modestes, transforment leur rapport à l'argent et leur donnent un sentiment de contrôle.

Une perspective historique sur l'impact émotionnel

L'histoire est remplie d'exemples illustrant les émotions liées à l'argent. La Grande Dépression des années 1930, par exemple, a marqué des générations entières. Ceux qui ont vécu cette période de crise économique mondiale développaient souvent une peur intense de manquer, qui s'est transmise à leurs enfants et petits-enfants. Cette insécurité transgénérationnelle se manifeste encore aujourd'hui, notamment chez certaines familles qui évitent de prendre des risques financiers, même lorsque cela pourrait améliorer leur situation.

À l'inverse, les sociétés anciennes qui utilisaient des systèmes de troc ou des monnaies stables avaient souvent un rapport plus détendu avec l'argent. Dans l'Égypte antique, par exemple, la monnaie ne servait pas uniquement de moyen d'échange, mais aussi d'outil symbolique pour renforcer la communauté. Cette stabilité économique créait un sentiment collectif de sécurité, contrastant fortement avec les périodes d'hyperinflation ou de crise monétaire.

Retrouver un équilibre émotionnel

Pour éviter de tomber dans les extrêmes, il est crucial de cultiver un rapport équilibré à l'argent. Cela commence par une prise de conscience : reconnaître comment nos expériences passées influencent nos émotions actuelles. Ensuite, il est utile d'apprendre à mettre l'argent à sa juste place. Ce n'est ni un dieu, ni un démon, mais un outil.

Des pratiques simples, comme tenir un journal de gratitude ou définir des objectifs financiers réalistes, peuvent aider à se reconnecter à l'essentiel. Par exemple, certains milliardaires modernes, comme Warren Buffet, choisissent de mener une vie relativement simple malgré leur immense richesse. En dépensant leur argent avec intention, ils évitent de se laisser envahir par la peur de la perte.

Une dernière réflexion

Que l'on soit riche ou pauvre, l'argent touche à notre cœur autant qu'à notre esprit. Il reflète nos espoirs, nos peurs et nos aspirations. Comprendre les émotions extrêmes qu'il suscite peut nous aider à mieux naviguer dans nos choix financiers. En apaisant ces émotions, nous pouvons enfin voir l'argent pour ce qu'il est réellement : un moyen, et non une fin.

Chapitre 4 : L'Argent et le Bonheur

Un matin d'hiver, Émilie, 32 ans, assise dans un café chic, fixait sa tasse de cappuccino, le regard perdu dans ses pensées. Elle venait d'acheter un sac de luxe qui lui avait coûté une petite fortune, espérant que cette dépense comblerait ce vide qu'elle traînait depuis des mois. Mais là, entre les éclats de rire des clients et le bruit des cuillères contre les tasses, elle se surprit à se demander : "Est-ce que tout ça me rend vraiment heureuse ?"

Cette question, elle l'avait souvent évitée. Après tout, on associe habituellement l'argent à la sécurité, au confort, voire à un certain prestige. Mais le bonheur ? Est-ce que l'argent peut vraiment l'acheter ? Ou bien finit-il par nous emprisonner dans une quête sans fin ?

Entre ceux qui disent que "l'argent ne fait pas le bonheur" et ceux qui répondent, sourire en coin, "mais il y contribue", où se situe la vérité ? Au fil des années, chercheurs, philosophes et économistes ont tenté de percer ce mystère, explorant les liens entre richesse et épanouissement personnel.

Et si l'argent n'était qu'un miroir ? Un reflet de nos priorités, de nos valeurs, mais aussi de nos contradictions. Parce qu'au fond, ce n'est pas réellement l'argent qui fait ou défait le bonheur, mais ce qu'on choisit d'en faire, et surtout la signification qu'on lui accorde.

4.1 : Examen des recherches et des études

Lorsqu'on parle d'argent et de bonheur, une question revient souvent : jusqu'à quel point les deux sont-ils liés ? Dans cette quête, les recherches et les études menées au fil des décennies offrent des réponses parfois contre-intuitives, mais toujours éclairantes. Pour certains, la perspective de revenus élevés est synonyme d'une vie meilleure, de sécurité et d'opportunités ; pour d'autres, elle apparaît comme une course sans fin, où le bonheur semble toujours s'éloigner à mesure que les attentes grandissent. Voyons de plus près ce que la science nous apprend exactement sur le lien entre argent et bonheur, et comment cela peut influencer notre propre vision de l'épanouissement financier.

Dans les années 1970, un économiste nommé Richard Easterlin a introduit une idée qui allait devenir centrale dans l'étude du bonheur et des revenus : le **"paradoxe d'Easterlin."** Ce paradoxe souligne une réalité surprenante : au sein d'un même pays, les personnes aux revenus plus élevés déclarent en moyenne un niveau de bonheur plus élevé que celles ayant des revenus modestes. Cependant, lorsqu'on compare les niveaux de bonheur moyen d'un pays à l'autre en fonction de leur richesse, la corrélation n'est pas aussi évidente. En d'autres termes, après avoir atteint un certain niveau de confort, l'argent supplémentaire n'apporterait pas de bonheur supplémentaire. Ce paradoxe a initié une vague de recherches qui ont cherché à démêler cette relation complexe entre argent et épanouissement personnel.

Une autre étude marquante, menée par Daniel Kahneman et Angus Deaton en 2010, a tenté de quantifier ce fameux "seuil de bonheur" au-delà duquel l'argent cesse d'apporter un bénéfice significatif au bien-être. Selon eux, ce seuil s'établissait autour de 75 000 dollars annuels pour les États-Unis. Au-delà de ce montant, les bénéfices financiers n'influaient plus significativement sur le bien-être émotionnel quotidien des individus, même s'ils contribuaient encore à une certaine satisfaction globale. Ce constat montre que, si l'argent peut nous soulager du stress, des besoins fondamentaux, il ne peut pas résoudre tous les aspects du bonheur humain.

L'expérience de Marc, un entrepreneur de 40 ans, illustre bien ce principe. Après des années de dur labeur, Marc a réussi à monter une entreprise prospère qui lui a permis d'atteindre un niveau de vie confortable. Cependant, il a vite découvert que ce confort financier ne le protégeait pas du stress et des préoccupations quotidiennes. Les soucis, bien qu'ils aient changé de nature, étaient toujours présents : la peur de perdre ce qu'il avait construit, la pression d'assurer un avenir à ses proches, ou encore la quête constante de nouveaux objectifs. Marc réalise alors que le bonheur ne s'achète pas, mais qu'il se construit au jour le jour, en portant attention aux choses simples et aux relations humaines. Pour lui, l'argent avait peut-être permis une tranquillité matérielle, mais pas une paix intérieure durable.

D'autres études ont examiné ce même phénomène sous différents angles. Des chercheurs de l'Université de Princeton, par exemple, ont souligné la distinction entre le "bien-être émotionnel" et la "satisfaction de vie." Le bien-être émotionnel correspond au ressenti immédiat de plaisir ou de satisfaction dans une journée, alors que la satisfaction de vie désigne un sentiment global d'accomplissement et de contentement. Les résultats montrent qu'une augmentation de revenus permet effectivement d'accroître la satisfaction de vie, mais qu'elle n'a que peu d'impact sur le bien-être émotionnel. En d'autres termes, un revenu plus élevé peut nous aider à atteindre des objectifs à long terme, mais il n'apporte pas nécessairement une joie ou une paix intérieure au quotidien.

Une anecdote intéressante nous vient d'une étude menée par Michael Norton, professeur de marketing à Harvard. Lui et ses collègues ont étudié comment les personnes dépensaient leur argent et l'impact que cela avait sur leur bonheur. Leur découverte était surprenante : dépenser de l'argent pour soi-même n'apportait que peu de bonheur supplémentaire. En revanche, lorsque les participants dépensaient de l'argent pour les autres, leur niveau de bonheur augmentait de manière significative. Cela a mené Norton à suggérer que l'argent, au lieu d'être accumulé pour soi, pouvait être une source de joie lorsqu'il est utilisé pour créer des liens et contribuer à des causes qui nous tiennent à cœur.

Ce phénomène de "donner pour être heureux" nous rappelle que l'argent, loin d'être une fin en soi, peut devenir un levier d'épanouissement quand il est mis au service des autres. À travers des gestes altruistes, nous renforçons notre sentiment de connexion avec les autres et trouvons une satisfaction qui dépasse la simple accumulation de biens matériels. Ainsi, l'argent, même s'il contribue à un confort personnel, prend une dimension plus humaine et relationnelle lorsqu'il est partagé.

La théorie des besoins fondamentaux de Maslow, bien qu'ancienne, trouve également un écho dans cette réflexion sur l'argent et le bonheur. Selon Maslow, les individus doivent satisfaire leurs besoins primaires, comme la sécurité physique et la subsistance, avant de pouvoir aspirer à des besoins plus élevés, tels que l'appartenance, l'estime de soi, et l'accomplissement personnel. Dans cette perspective, l'argent joue un rôle crucial dans les premiers niveaux de cette pyramide, mais il perd de son importance dès que ces besoins sont satisfaits. À partir de ce moment, le bonheur se trouve dans l'accomplissement de soi et dans les relations authentiques, bien au-delà des acquisitions matérielles.

Les recherches de Kahneman, Norton et de nombreux autres nous rappellent ainsi que l'argent est un outil, un moyen de répondre à nos besoins et de faciliter certaines aspirations. Mais l'idée de bonheur véritable repose sur des aspects intangibles, les liens avec nos proches, la satisfaction d'un travail bien fait, ou encore l'épanouissement personnel, qui ne sont pas directement monnayables.

En résumé, les études montrent que l'argent peut contribuer au bonheur, mais son pouvoir a des limites. Une fois que nos besoins de base sont comblés, le rôle de l'argent devient plus symbolique que matériel. Il s'agit moins de posséder pour être heureux que de comprendre comment utiliser ce que l'on possède pour donner un sens à sa vie. En suivant ces réflexions, chacun de nous peut trouver des réponses plus profondes à ses aspirations, et reconnaître que, si l'argent peut améliorer notre quotidien, il n'est pas la clé du bonheur durable.

4.2 : Réflexion sur les moyens d'utiliser l'argent

Un matin d'été, Clara, une infirmière de 38 ans, s'est arrêtée devant une vitrine qui exposait des sacs de luxe. Elle avait assez économisé pour s'en offrir un, mais elle hésitait. Depuis plusieurs mois, elle rêvait aussi d'un week-end au bord de la mer avec ses enfants. Devant son reflet, une question simple s'est imposée : qu'est-ce qui lui apporterait vraiment de la joie durable ?

C'est là que tout le débat sur l'utilisation de l'argent commence. Comment faire pour que ce que l'on possède serve réellement à enrichir nos vies, sans pour autant devenir l'obsession qui étouffe notre bien-être ?

L'argent, un outil au service des priorités

Au cœur de la réflexion, il y a une idée simple : l'argent, quand il est utilisé avec intention, peut devenir un levier pour améliorer notre quotidien. Mais encore faut-il savoir distinguer entre ce qui procure du plaisir momentané et ce qui nourrit une satisfaction à long terme.

Prenons l'exemple de Tom, un cadre qui gagnait bien sa vie mais se sentait constamment insatisfait. Après avoir assisté à un atelier sur la gestion émotionnelle de l'argent, il a décidé de réorganiser ses priorités. Plutôt que d'acheter une nouvelle voiture, il a investi dans des cours de cuisine avec sa femme, une activité qu'ils partageaient depuis longtemps. Résultat ? Leur relation s'est renforcée, et Tom a trouvé un nouveau souffle dans son quotidien.

Dépenses matérielles vs expériences

Les recherches sont unanimes : dépenser pour des expériences a un impact beaucoup plus positif sur le bien-être que l'achat de biens matériels. Les possessions finissent par perdre leur éclat, alors que les souvenirs d'un voyage, d'une sortie entre amis ou d'un cours de danse restent gravés dans notre mémoire.

Prenez par exemple une étude menée par le psychologue Thomas Gilovich, qui a comparé le bonheur des gens après un achat matériel versus une expérience. Il a découvert que l'excitation liée à l'objet diminuait rapidement, alors que celle liée à l'expérience se renforçait au fil du temps, grâce aux souvenirs et aux discussions qu'elle générait.

C'est ce que Clara a finalement compris : au lieu du sac de luxe, elle a réservé ce fameux week-end avec ses enfants. Les rires sur la plage et les moments partagés autour d'un feu de camp lui ont donné bien plus que n'importe quel accessoire.

Donner, un acte qui enrichit

L'un des moyens les plus puissants d'utiliser l'argent pour améliorer sa vie, c'est de le partager. Des études montrent que les gens qui donnent aux autres, que ce soit à travers des dons ou du temps, se sentent plus heureux.

Un exemple célèbre est celui de Chuck Feeney, un milliardaire américain qui a consacré sa fortune à des causes humanitaires. Il a affirmé avoir trouvé une joie immense dans le fait de donner, bien plus que dans l'accumulation de richesses. Même à une échelle plus modeste, offrir un repas à une personne dans le besoin ou participer à une collecte de fonds peut donner un véritable sens à l'argent gagné.

C'est une leçon que Julie, une professeure de lycée, a apprise après avoir fait un don à une association qui aide les jeunes en difficulté. Elle s'est rendu compte que cette contribution, bien qu'elle ne soit pas énorme, lui apportait une satisfaction bien plus profonde que ses achats impulsifs.

Investir dans soi-même

Une autre manière de bien utiliser son argent est de l'investir dans son développement personnel. Cela peut passer par l'éducation, la santé, ou même des loisirs créatifs. Chaque euro dépensé pour apprendre une nouvelle compétence, améliorer sa condition physique ou explorer une passion est une façon de se bâtir une vie plus riche et plus épanouissante.

Prenons Marc, un ancien comptable qui a décidé de suivre une formation en photographie. Ce choix, financé grâce à ses économies, lui a non seulement ouvert une nouvelle carrière mais aussi donné une raison de se lever avec enthousiasme chaque matin.

Cet exemple souligne l'importance de se poser cette question : comment mon argent peut-il m'aider à devenir une meilleure version de moi-même ?

Éviter la dépendance au matérialisme

Le piège, cependant, c'est de tomber dans la croyance que "plus, c'est mieux". Cette idée, ancrée dans la société de consommation, nous pousse à chercher le bonheur dans l'accumulation. Mais au bout du compte, cette course effrénée finit souvent par épuiser les ressources financières et mentales.

Prenons Paul, un jeune entrepreneur qui a vécu une période de succès fulgurant. Ses revenus, multipliés par dix en l'espace de deux ans, l'ont incité à acheter des biens luxueux : montres, voitures, gadgets dernier cri. Pourtant, il avoue aujourd'hui que cette période a été l'une des plus vides de sa vie. Ce n'est qu'en redéfinissant ses priorités qu'il a retrouvé un équilibre.

Cultiver une relation saine avec l'argent

Utiliser l'argent de manière intentionnelle commence par une prise de conscience : le bonheur ne s'achète pas, mais il peut être soutenu par une gestion réfléchie de ses ressources. Cela passe par :

- Établir un budget pour des expériences qui enrichissent la vie.
- Donner régulièrement, même des petites sommes.
- Investir dans des projets ou des formations qui ont du sens.

Ces choix simples, mais puissants, permettent de transformer l'argent en un outil qui amplifie ce qui compte vraiment : les relations, la santé, et le sens donné à sa vie.

Penser au long terme

Enfin, l'un des moyens d'éviter de dépendre de l'argent pour son bonheur est d'adopter une vision à long terme. Épargner pour des projets qui tiennent à cœur, éviter les dettes inutiles et construire une stabilité financière offrent une paix d'esprit qui vaut bien plus que tous les biens matériels.

Le bonheur durable vient souvent d'un équilibre subtil : savoir profiter du moment présent tout en préparant l'avenir. C'est un apprentissage constant, mais chaque pas dans cette direction rend la vie plus riche et plus significative.

4.3 : Savoir Quand "Assez" Est Suffisant

Dans notre quête de satisfaction financière, il est rare que l'on s'arrête pour se poser une question fondamentale : qu'est-ce que « suffisamment » signifie pour nous ? Cette notion d'« assez » est pourtant au cœur d'une vie équilibrée, car elle trace une frontière claire entre l'ambition saine et la poursuite sans fin de quelque chose de plus, quelque chose de mieux, qui pourrait combler un vide intérieur. Mais comment savoir quand nous avons atteint ce point d'équilibre ?

Prenons l'histoire de Thomas, un entrepreneur passionné. Après des années d'efforts, il a construit une entreprise prospère. Les affaires allaient bien, et ses revenus augmentaient année après année. Néanmoins, une insatisfaction sourde commençait à se faire sentir. Chaque étape franchie en appelait une autre, chaque objectif atteint en révélait un nouveau, et chaque augmentation de revenu semblait éphémère, remplacée par un désir de plus encore. Malgré tout ce qu'il possédait, Thomas ne se sentait jamais tout à fait comblé.

Un jour, après avoir travaillé de longues heures pour clore une grosse affaire, Thomas s'est retrouvé dans un café, face à une scène simple, mais révélatrice. Une famille était installée à quelques tables de lui. Ils riaient et partageaient un moment de bonheur, visiblement ravis d'être ensemble, sans le moindre souci matériel apparent. Cette scène l'a interpellé : ils paraissaient posséder quelque chose d'intangible qu'il n'avait pas, un sentiment de contentement. Ce moment a été pour Thomas le point de départ d'une réflexion plus profonde sur la notion de « assez ».

Pour beaucoup, atteindre ce point d' **« assez »** implique de reconsidérer la place de l'argent dans leur vie. La société nous pousse souvent à croire que plus est toujours mieux, que notre valeur personnelle est liée à la taille de notre compte en banque ou à l'étendue de nos possessions. Mais en réalité, cette croyance peut devenir une prison, nous enfermant dans une course sans fin pour satisfaire des attentes extérieures. Pour savoir quand **« assez »** est atteint, il est essentiel de se reconnecter à ce qui nous apporte une satisfaction durable, au-delà des apparences et des standards imposés.

Les recherches en psychologie et en économie comportementale ont démontré que, passé un certain seuil, l'argent supplémentaire n'ajoute plus grand-chose au bonheur. Ce seuil varie bien sûr d'une personne à l'autre, et dépend des besoins de base, des valeurs personnelles, et des relations. Mais l'essentiel est de comprendre que, au-delà de ces besoins fondamentaux, la satisfaction liée à l'argent tend à diminuer.

Un exercice simple que certains conseillent pour identifier ce seuil est de se demander : **« Quelles sont les choses qui me rendent réellement heureux ? »** Pour Thomas, il a découvert que le bonheur ne résidait pas dans la somme de ses biens matériels, mais dans la qualité de ses relations, dans les moments de calme loin du bureau, et dans le sentiment de contribuer de manière significative à la société. Ce type de réflexion l'a amené à repenser ses priorités, à consacrer davantage de temps à sa famille et à des activités qui le nourrissent vraiment au lieu de courir sans cesse après des gains financiers.

Il existe également une approche plus technique, appelée « budget de bien-être », qui aide à définir combien d'argent est réellement nécessaire pour se sentir en sécurité et épanoui. L'idée est de déterminer un seuil de revenu qui couvre non seulement les besoins de base, mais aussi un confort raisonnable, permettant quelques plaisirs simples et enrichissants. Cela peut inclure les dépenses pour les loisirs, le voyage, ou le développement personnel, sans pour autant tomber dans l'accumulation pour le prestige ou la validation extérieure. Cette approche permet de transformer la notion abstraite de « assez » en un objectif concret et accessible.

Il est utile de noter que la sensation d'« assez » n'est pas une destination fixe ; elle peut évoluer avec le temps et les circonstances. À certains moments de la vie, nous pouvons avoir besoin de plus, comme lorsqu'une famille s'agrandit ou qu'un projet important nécessite une base financière solide. Mais dans d'autres phases, il est possible de se rendre compte que moins de pression matérielle permet de libérer du temps pour des activités qui nourrissent véritablement l'esprit. C'est ce que Thomas a compris au fur et à mesure de son parcours : son besoin de réussite financière a fluctué, mais ce qui restait constant, c'était son désir d'un équilibre entre ambition et satisfaction.

Trouver son « assez » personnel est donc un acte de liberté. Cela demande une capacité à se détacher des comparaisons incessantes avec les autres et des attentes imposées. Par exemple, en voyageant pour affaires, Thomas a rencontré des communautés où les gens vivaient de manière simple, avec peu de possessions matérielles, mais semblaient épanouis. Cette expérience l'a amené à réaliser que le bonheur ne dépend pas de ce que l'on possède, mais de la manière dont on vit sa vie et des valeurs que l'on porte en soi.

Enfin, **« savoir quand assez est suffisant »** implique aussi d'apprendre à dire non aux tentations de consommer plus, d'acheter plus, d'accumuler davantage. Cela ne signifie pas renoncer à toute ambition, mais plutôt rediriger cette énergie vers ce qui compte vraiment pour nous. En adoptant cette perspective, il devient possible de se sentir comblé, même sans toujours atteindre l'objectif suivant. C'est un apprentissage que Thomas a intégré progressivement dans sa vie, se rappelant régulièrement ce moment au café, cette scène simple, mais puissante d'une famille heureuse sans artifice.

Dans cette société de consommation où tout semble conçu pour nous convaincre que nous manquons de quelque chose, savoir quand « assez » est atteint est un acte de courage et de sagesse. C'est choisir de vivre une vie en accord avec nos valeurs profondes, et non celle que la société tente de nous imposer. Ce chemin vers une satisfaction authentique, loin des artifices matériels, est à la portée de chacun d'entre nous.

4.4 : Le bonheur émotionnel n'a pas toujours un prix

L'argent peut acheter beaucoup de choses, mais il ne garantit pas toujours la paix intérieure ou le vrai bonheur. Ce lien subtil entre argent et satisfaction émotionnelle repose sur un principe simple, mais souvent oublié : ce n'est pas combien on dépense, mais "comment" on dépense qui compte vraiment. La clé réside dans l'alignement des dépenses sur nos valeurs personnelles, nos aspirations et ce qui nourrit réellement notre bien-être.

Les petites dépenses qui réchauffent le cœur

Quand on parle de bonheur, il est tentant d'imaginer des villas somptueuses, des voitures de luxe ou des bijoux scintillants. Pourtant, des études montrent que ce sont souvent les petites dépenses, bien pensées, qui apportent une satisfaction durable. Acheter un café pour un ami, soutenir une cause qui nous tient à cœur ou s'offrir une sortie improvisée au cinéma peut avoir un impact émotionnel bien plus fort que d'accumuler des objets chers, mais impersonnels.

Prenons l'exemple de Marie, une jeune femme qui, au lieu de s'offrir le dernier smartphone haut de gamme, choisit de réserver une nuit dans une cabane au bord d'un lac. Elle explique que cette expérience, bien que modeste, lui a offert quelque chose d'inestimable : un moment de sérénité totale, loin du tumulte de la ville. Chaque fois qu'elle repense à cette escapade, elle ressent un profond apaisement. Cet exemple illustre à quel point une dépense alignée sur ses besoins émotionnels peut être bien plus satisfaisante que n'importe quel achat matériel.

Les expériences versus les objets

L'une des découvertes les plus intéressantes dans la psychologie du bonheur est que les expériences ont un pouvoir émotionnel bien supérieur aux possessions matérielles. Un voyage, un dîner en amoureux ou même une simple balade en pleine nature crée des souvenirs et renforce les liens avec les autres, là où un objet finit souvent par perdre de sa valeur émotionnelle avec le temps.

Prenons l'exemple d'Émilie et Karim, un couple qui a décidé de prioriser les expériences dans leur budget. Plutôt que d'acheter une voiture flambant neuve ou de dépenser dans des vêtements de luxe, ils investissent dans des escapades régulières. Un week-end en Toscane, un trek en Écosse, ou même un cours de cuisine thaï à domicile : leurs choix reflètent leur quête de moments authentiques et enrichissants. Leur logique est simple : une voiture peut tomber en panne, mais les souvenirs restent. Ils se rappellent encore avec émotion leur soirée à regarder les étoiles dans un désert marocain — une expérience qu'ils considèrent comme l'une des plus belles de leur vie.

Les recherches soutiennent ce choix. Selon une étude menée par l'Université de San Francisco, les expériences renforcent davantage notre sentiment de bonheur parce qu'elles sont uniques, sociales et liées à notre identité. Alors que l'achat d'un objet peut parfois déclencher une brève montée de dopamine, ce plaisir a tendance à s'éroder rapidement. En revanche, un bon souvenir peut être revécu encore et encore, offrant une source de bonheur inépuisable.

Pourquoi les petites dépenses alignées sur nos valeurs comptent-elles autant ?

Quand nos dépenses reflètent nos valeurs, elles prennent un tout autre sens. Dépenser pour ce qui nous importe vraiment crée un sentiment de cohérence entre nos actions et ce que nous sommes.

Cela nourrit notre estime de soi et renforce notre sentiment d'accomplissement.

Imaginons Julien, un trentenaire passionné par l'environnement. Plutôt que de gaspiller son argent dans des gadgets électroniques, il préfère investir dans un abonnement à une ferme bio locale ou acheter des produits durables. Ce choix, bien qu'il ne semble pas particulièrement excitant pour certains, lui procure une immense satisfaction. Il se sent en accord avec ses convictions écologiques et fiers de contribuer, à son échelle, à un monde meilleur.

L'illusion des achats extravagants

D'un autre côté, les dépenses ostentatoires, bien qu'elles puissent impressionner sur le moment, ne garantissent pas un bonheur durable. Le problème avec les achats extravagants, c'est qu'ils répondent souvent à des attentes externes – la recherche d'approbation ou de statut – plutôt qu'à un réel besoin intérieur. La satisfaction qu'ils procurent est donc souvent superficielle et éphémère.

Un exemple frappant est celui de Nicolas, un entrepreneur qui a dépensé une petite fortune dans une montre de luxe. Si cet achat lui a d'abord valu des compliments et une certaine admiration de son entourage, il s'est rapidement rendu compte que cela ne le rendait pas plus heureux. Au contraire, il ressentait une certaine culpabilité à chaque fois qu'il regardait l'objet. Avec le temps, il a compris que ce qui le comblait vraiment, c'était de passer du temps avec ses enfants ou de partir seul en montagne pour se ressourcer. Cette prise de conscience l'a poussé à réévaluer ses priorités financières.

Une approche universelle : trouver son propre équilibre

Il serait facile de penser que les dépenses liées au bonheur sont universelles, mais en réalité, elles varient d'une personne à l'autre. Ce qui procure de la joie à l'un peut laisser un autre totalement indifférent. La clé est de comprendre ce qui résonne avec nos propres valeurs et aspirations.

Prenons l'exemple de Léa et Thomas, deux amis ayant des visions complètement opposées. Léa, une passionnée de musique, trouve un bonheur immense à acheter des vinyles rares, alors que Thomas préfère investir dans des ateliers de peinture. Bien qu'ils dépensent dans des domaines différents, leurs choix leur apportent la même satisfaction, car ils sont profondément alignés sur leurs passions respectives.

Le rôle des émotions dans nos choix financiers

Nos émotions jouent un rôle central dans la façon dont nous dépensons. La joie, la culpabilité, l'envie, ou même la peur d'être jugé influencent nos décisions financières bien plus que nous ne le réalisons. Comprendre ces mécanismes peut nous aider à reprendre le contrôle et à orienter nos dépenses vers ce qui compte vraiment.

Par exemple, une étude de la Harvard Business School a montré que les gens sont plus heureux lorsqu'ils dépensent leur argent pour faire plaisir aux autres plutôt que pour eux-mêmes. Offrir un cadeau ou faire un don à une cause qui nous tient à cœur peut générer une satisfaction durable, bien supérieure à celle obtenue par un achat purement égoïste.

Une dernière pensée

Le bonheur émotionnel ne se mesure pas au nombre de zéros sur un chèque ou à la taille d'une maison. Il réside dans ces petites décisions conscientes qui reflètent ce que nous sommes réellement. En dépensant avec intention et en privilégiant les expériences et les valeurs personnelles, chacun peut trouver une source de bonheur inestimable, et durable.

Chapitre 5 : L'Argent et les Relations Interpersonnelles

Un soir d'été, sous la lumière tamisée d'une guinguette, Clara observait son père discuter avec un ami de longue date. Leurs éclats de rire résonnaient, emplissant l'air d'une chaleur que ni les euros ni les billets ne pourraient jamais acheter. Pourtant, quelques heures plus tard, lorsqu'elle croisa le regard fuyant de son cousin, elle se souvint de cette dispute vieille de dix ans, une histoire d'héritage qui avait brisé leur famille. Clara se demanda : comment l'argent, si neutre en apparence, pouvait-il rapprocher les gens ou les éloigner à ce point ?

Les relations humaines sont un terrain complexe, souvent influencé par des enjeux invisibles : dettes, générosité mal comprise, ou simplement des différences de priorités. L'argent, avec son pouvoir discret, mais omniprésent, agit comme un révélateur. Il amplifie les générosités comme les rancunes, les alliances comme les tensions. Certains y voient une passerelle pour offrir, créer du lien, d'autres un poids qui détruit confiance et complicité.

Mais faut-il blâmer l'argent ou plutôt la manière dont il est perçu, utilisé ? Que ce soit dans un couple, entre amis ou au sein d'une famille, la place que chacun accorde à l'argent influence les dynamiques profondes. C'est un équilibre subtil, fragile, mais ô combien essentiel.

5.1 : Étude de l'impact de l'argent sur les relations familiales, amicales et professionnelles

C'était un dimanche matin comme les autres, mais pour Sophie, ce jour-là allait changer la dynamique de sa famille. Réunis autour de la table du salon, les membres de la famille discutaient de la répartition de l'héritage laissé par leur grand-père. Ce qui avait commencé comme une conversation respectueuse a rapidement dégénéré en reproches et accusations. Sophie se souvient encore du moment où son frère a lancé : « Tu as toujours été la préférée, alors bien sûr, tu veux tout garder ! » Cet épisode, bien que douloureux, illustre un point crucial : l'argent est rarement neutre dans nos relations.

L'argent et les relations familiales

Les relations familiales sont souvent façonnées par des dynamiques financières complexes. L'argent peut être une source de solidarité, comme il peut devenir une cause de conflits majeurs. Les questions d'héritage, de soutien financier ou d'attentes implicites autour de l'argent ont un impact profond sur la manière dont les familles interagissent.

1. L'héritage : Un test pour l'unité familiale

Sophie et son frère ne sont pas seuls dans cette situation. Les questions d'héritage peuvent être un terrain fertile pour les rancunes enfouies et les déséquilibres perçus. Dans certaines familles, les parents privilégient inconsciemment un enfant en pensant agir pour son bien. Cette préférence, bien qu'involontaire, peut créer des fractures qui se manifestent pleinement lorsque l'argent entre en jeu.

Un conseil essentiel pour naviguer dans ces eaux troubles est la communication anticipée. Les parents qui prennent le temps d'expliquer leurs décisions financières avant leur décès réduisent les risques de malentendus et de disputes. En favorisant un dialogue ouvert, ils offrent à leurs enfants l'opportunité de poser des questions et d'exprimer leurs sentiments, évitant ainsi de futures tensions.

2. Les prêts familiaux : Un piège pour l'harmonie

Dans de nombreuses familles, prêter de l'argent est vu comme un acte d'amour et de soutien. Pourtant, ces prêts s'accompagnent souvent d'attentes tacites qui, si elles ne sont pas respectées, peuvent éroder la confiance. Imaginons une mère qui prête une somme importante à son fils pour l'aider à acheter une maison, en s'attendant à ce qu'il rembourse dès que possible. Mais si le fils tarde à honorer cette dette, des tensions apparaissent, alimentées par le silence et les jugements non exprimés.

Pour éviter ces situations, il est crucial de poser des bases claires dès le départ. Formaliser un accord, même dans le cadre familial, peut sembler froid, mais cela protège les deux parties et préserve la relation.

L'argent et les relations amicales

Si l'argent peut fragiliser les relations familiales, il a également un impact considérable sur les amitiés.

1. Le pouvoir des différences économiques

Lorsque des amis évoluent dans des cercles financiers différents, ces écarts peuvent devenir une source de malaise. Prenons l'exemple de Julien et Ahmed, deux amis d'enfance. Julien, cadre supérieur dans une entreprise prospère, peut se permettre des vacances à l'étranger et des sorties dans des restaurants étoilés. Ahmed, quant à lui, est enseignant et gère son budget de manière stricte. Bien qu'ils s'apprécient profondément, Ahmed finit par éviter les sorties avec Julien, se sentant coupable de ne pas pouvoir **« suivre »**.

Ce type de décalage peut entraîner un éloignement progressif, même entre les amis les plus proches. La clé pour éviter cela est l'empathie. Julien, s'il avait pris le temps de comprendre les contraintes d'Ahmed, aurait pu proposer des activités moins coûteuses, comme une randonnée ou un dîner à domicile, montrant ainsi que leur amitié était plus importante que l'argent.

2. Les prêts entre amis : Une ligne à ne pas franchir ?

Prêter de l'argent à un ami est souvent perçu comme un geste de générosité, mais cela peut rapidement devenir une source de tension. Une anecdote frappante est celle de Claire et Marion. Marion, confrontée à une urgence financière, a emprunté une somme importante à Claire, promettant de rembourser en quelques mois. Mais un an plus tard, Marion n'avait toujours pas remboursé. Claire, tiraillée entre son désir d'aider et son ressentiment croissant, a fini par rompre leur amitié.

Pour éviter de telles situations, il est généralement préférable de considérer un prêt entre amis comme un don, si cela est financièrement possible. Ainsi, l'acte reste purement altruiste, sans attentes attachées.

L'argent et les relations professionnelles

Dans le monde professionnel, l'argent occupe une place centrale. Il est au cœur des négociations salariales, des promotions et des partenariats. Cependant, les discussions autour de l'argent au travail sont souvent taboues, ce qui peut engendrer des malentendus et des frustrations.

1. Les écarts salariaux : Une source de mécontentement

Lisa travaillait dans une start-up où elle donnait le meilleur d'elle-même. Pourtant, lorsqu'elle a découvert par hasard que son collègue moins expérimenté gagnait un salaire plus élevé, elle s'est sentie trahie. Ce sentiment de sous-évaluation a affecté sa motivation et sa relation avec son employeur.

Cette situation souligne l'importance de la transparence salariale. Les entreprises qui favorisent une communication ouverte sur les rémunérations contribuent à établir un climat de confiance et d'équité.

2. Les partenariats d'affaires : Établir des limites claires

Créer une entreprise avec un ami ou un membre de la famille peut sembler une excellente idée, mais cela comporte aussi des risques. Marc et Thomas, deux amis de longue date, ont lancé une boutique en ligne ensemble. Tout allait bien jusqu'à ce que des divergences sur la répartition des bénéfices surgissent. Ces désaccords non résolus ont fini par compromettre leur amitié.

Pour éviter cela, il est crucial de formaliser les accords dès le départ, même lorsque l'entreprise repose sur une relation personnelle. Définir des rôles, des responsabilités et des modalités financières claires dès le début protègent non seulement l'entreprise, mais aussi la relation.

Pour conclure, l'argent, bien qu'essentiel, est souvent un terrain miné dans nos relations. Qu'il s'agisse de dynamiques familiales, amicales ou professionnelles, il peut soit renforcer les liens, soit les fragilisaient, selon la manière dont il est abordé. Les anecdotes de Sophie, Julien et Lisa montrent que la clé réside dans la communication, l'empathie et la clarté.

En comprenant l'impact de l'argent sur nos relations et en adoptant des pratiques saines, nous pouvons transformer cet outil fréquemment source de tension en un moyen de renforcer nos liens.

5.2 : Gestion des attentes financières dans les relations

Un samedi matin, alors que le soleil perçait timidement les rideaux, Sarah et Thomas, un couple marié depuis cinq ans, prenaient leur petit-déjeuner. Tout allait bien jusqu'à ce que Thomas mentionne leur prochain voyage en Espagne. Sarah, surprise, lui répondit qu'elle ne pensait pas que leurs finances le permettraient. Ce qui avait commencé comme une conversation ordinaire tourna rapidement au conflit. Thomas, frustré, lui reprocha de toujours freiner ses projets, tandis que Sarah se défendit en affirmant qu'il ne comprenait pas l'importance d'un budget bien géré. Le malaise qui suivit ce désaccord les accompagna toute la journée.

L'importance de gérer les attentes financières

Les discussions sur l'argent sont souvent taboues dans les relations, qu'elles soient amicales, familiales ou amoureuses. Pourtant, elles sont essentielles pour éviter les malentendus et les frustrations. Les attentes non communiquées peuvent rapidement devenir des bombes à retardement, prêtes à éclater au moindre désaccord.

Prenons l'exemple de Julie et Marine, deux colocataires. Julie, qui gagnait un salaire confortable, voulait se faire plaisir en louant un appartement spacieux et moderne. Marine, en revanche, jonglait avec un emploi à temps partiel et des études. Lorsqu'il fut temps de partager les dépenses, leurs attentes divergentes engendrèrent des tensions. Marine se sentait coupable de ne pas pouvoir suivre le train de vie de Julie, tandis que cette dernière se sentait incomprise.

Pour éviter ce genre de situation, il est primordial d'aborder les sujets financiers dès le début d'une relation ou d'un projet commun. Les attentes financières sont personnelles, influencées par l'éducation, le revenu et les priorités de chacun. Les mettre sur la table permet de poser des bases solides et de prévenir les conflits.

Savoir ouvrir le dialogue

Une des clés pour parler d'argent sans heurter est de choisir le bon moment et le bon ton. Il ne s'agit pas d'attendre une crise pour entamer la discussion, mais de l'aborder de manière proactive et détendue.

Imaginons un couple, Léa et Karim, qui souhaite emménager ensemble. Avant de signer un bail, ils décident de discuter de leur gestion financière. Karim préfère partager toutes les dépenses à parts égales, tandis que Léa propose une répartition proportionnelle à leurs revenus respectifs, car elle gagne moins que lui. Grâce à cette conversation, ils trouvent un compromis : Karim paiera une plus grande part du loyer, tandis que Léa se chargera des courses et des abonnements.

Cette approche leur permet de partir sur des bases claires et d'éviter les malentendus. Aborder les finances comme un partenariat, plutôt qu'un affrontement, transforme ces échanges en opportunités de renforcement des liens.

Les erreurs courantes à éviter

Parfois, ce n'est pas le sujet de l'argent en lui-même qui crée des conflits, mais la manière dont il est abordé. Voici quelques erreurs fréquentes qui peuvent alimenter les tensions :

1. Éviter le sujet par peur du conflit

Beaucoup choisissent de ne pas parler d'argent pour préserver la paix apparente dans une relation. Mais cette stratégie finit souvent par aggraver les tensions à long terme.

2. Imposer ses attentes sans écouter l'autre

Dans les relations, il est facile de supposer que ses propres priorités financières sont universelles. Pourtant, chaque personne a une vision unique de l'argent. Écouter et comprendre ces perspectives est crucial.

3. Attendre des comportements tacites

Certaines personnes s'attendent à ce que leur partenaire ou leurs amis comprennent intuitivement leurs attentes financières. Mais l'absence de communication explicite peut créer des frustrations inutiles.

Exemples pratiques de gestion des attentes

Pour illustrer l'importance de la gestion des attentes, voici trois situations réelles et les leçons que l'on peut en tirer :

- **Relation amoureuse** : Claire et Max avaient des visions très différentes de l'épargne. Alors que Max économisait pour acheter une maison, Claire préférait dépenser pour des loisirs. Une fois leurs désaccords identifiés, ils décidèrent d'ouvrir deux comptes communs : l'un pour l'épargne et l'autre pour leurs activités. Ce système respectait leurs priorités tout en évitant les conflits.

- **Partenariat professionnel** : Luc et Sophie lançaient une entreprise ensemble. Lorsqu'ils discutèrent de leurs investissements initiaux, Sophie se sentit lésée par la répartition des profits. En revoyant leur contrat, ils réalisèrent que leurs contributions respectives n'étaient pas équitables. Une révision des termes permit de rétablir la confiance entre eux.

- **Relations familiales** : Louis, un fils unique, recevait régulièrement des demandes financières de sa famille. Pour éviter de se sentir exploité, il décida de définir une limite annuelle pour les prêts ou cadeaux. Il communiqua cette décision clairement, ce qui permit de rétablir des relations saines.

Des outils pour faciliter les discussions

Pour rendre les discussions financières plus fluides et moins émotionnelles, il est utile d'utiliser des outils concrets :

1. Budgets communs

Créer un budget détaillé permet de visualiser les ressources disponibles et de mieux répartir les responsabilités.

2. Applications financières

Des outils comme Splitwise ou Tricount peuvent simplifier le partage des dépenses, surtout dans un cadre amical ou familial.

3. Accords écrits

Dans les relations professionnelles ou même familiales, formaliser un accord par écrit peut prévenir les malentendus.

4. Médiateurs

Pour les situations complexes, faire appel à un conseiller financier ou un médiateur peut aider à clarifier les attentes et à trouver des solutions.

L'impact d'une bonne gestion des attentes

Lorsqu'elles sont bien gérées, les discussions financières deviennent un atout dans les relations. Elles renforcent la transparence, la confiance et la coopération. Au lieu de créer des tensions, elles permettent d'aligner les priorités et de construire des bases solides pour l'avenir.

L'argent est un sujet sensible, mais il ne doit pas être un obstacle. Avec de la patience, de l'écoute et une volonté de comprendre l'autre, il devient possible de transformer ces discussions en opportunités pour renforcer les liens, qu'ils soient familiaux, amicaux ou professionnels.

5.3 : Exemples concrets de conflits ou de réconciliations autour de l'argent

L'argent a ce pouvoir étrange de révéler nos émotions les plus profondes : la peur, l'amour, l'ambition, et parfois même l'insécurité. Lorsqu'il entre dans nos relations, il agit comme un miroir grossissant, amplifiant les tensions ou renforçant les liens, selon la manière dont il est géré. Cette section explore des exemples concrets de conflits financiers et des réconciliations, tout en offrant des conseils pratiques pour naviguer ces situations avec sagesse.

Conflit familial : Un héritage disputé

Marie et son frère Jacques ont toujours eu une relation proche. Leur enfance était remplie de souvenirs partagés, de rires et de moments de complicité. Cependant, à la mort de leur père, un conflit autour de l'héritage familial surgit.

Leur père avait laissé une maison et une petite somme d'argent, sans préciser dans son testament comment les biens devaient être répartis. Jacques souhaitait conserver la maison en souvenir, tandis que Marie, qui traversait une période financière difficile, préférait la vendre pour en partager les bénéfices. Les discussions dégénérèrent rapidement en accusations et en reproches, réveillant de vieilles blessures enfouies depuis des années.

Un médiateur familial fut finalement engagé pour aider à résoudre la situation. Grâce à son intervention, ils décidèrent de vendre la maison tout en mettant de côté une partie des fonds pour créer une bourse d'étude en hommage à leur père, un enseignant passionné. Ce compromis leur permit non seulement de régler le conflit, mais aussi de se rapprocher à nouveau.

Conseil : Lorsque des biens matériels ou financiers sont en jeu, il est essentiel de se concentrer sur les valeurs et les souvenirs qui unissent la famille, plutôt que de se laisser emporter par la valeur monétaire.

Conflit conjugal : La question des dettes

Claire et Thomas, mariés depuis cinq ans, étaient confrontés à un problème de transparence financière. Thomas avait accumulé une dette importante avant leur mariage, mais n'en avait jamais parlé à Claire. Lorsqu'elle découvrit cette dette en examinant un relevé bancaire, elle se sentit trahie.

La dispute qui suivit mit en lumière un problème plus profond : Thomas avait honte de sa situation et craignait que Claire ne le juge. De son côté, Claire avait grandi dans une famille où la transparence financière était une valeur essentielle, et elle avait du mal à comprendre pourquoi Thomas n'avait pas partagé cette information plus tôt.

Ils décidèrent de consulter un conseiller financier pour élaborer un plan de remboursement. Mais surtout, ils travaillèrent ensemble avec un thérapeute de couple pour reconstruire la confiance. Avec le temps, Claire comprit que la dette de Thomas n'était pas une marque de faiblesse, mais un héritage de décisions passées.

Conseil : Dans une relation de couple, il est crucial de créer un espace de dialogue où chacun peut parler ouvertement de ses finances sans crainte de jugement. La transparence est la clé pour éviter les malentendus et construire un partenariat solide.

Conflit amical : Une somme non remboursée

Paul et Lucas étaient des amis d'enfance inséparables. Lorsque Lucas perdit son emploi, Paul lui prêta une somme importante pour l'aider à couvrir ses frais de logement. Lucas promit de rembourser dès qu'il trouverait un nouveau travail, mais les mois passèrent sans qu'il mentionne cette dette.

Paul, partagé entre son désir de préserver leur amitié et son besoin de récupérer son argent, finit par aborder le sujet. Lucas, embarrassé, expliqua qu'il avait l'intention de rembourser, mais qu'il avait honte de ne pas pouvoir le faire plus rapidement.

Ils convinrent ensemble d'un plan de remboursement échelonné. Cette discussion, bien que délicate, renforça leur amitié, car elle leur permit de clarifier leurs attentes et de renouer un dialogue honnête.

Conseil : Si vous prêtez de l'argent à un ami, définissez dès le départ des modalités claires de remboursement. Cela permet d'éviter les malentendus et de préserver la relation.

Réconciliation familiale : Un projet commun

Parfois, l'argent peut aussi devenir un catalyseur de réconciliation. L'histoire d'Agnès et de son fils Pierre en est un bel exemple. Après un désaccord concernant une entreprise familiale, leurs relations étaient tendues depuis des années.

Mais un jour, Agnès, approchant de la retraite, proposa à Pierre de créer un fonds familial pour financer des projets éducatifs dans leur communauté. Ce projet leur permit de mettre de côté leurs différends et de travailler ensemble pour une cause qui leur tenait à cœur.

Leur collaboration sur ce projet raviva leur complicité et transforma leur vision de l'argent : il ne s'agissait plus d'un sujet de division, mais d'un outil pour créer un impact positif.

Conseil : Travailler conjointement sur un projet commun, qu'il s'agisse d'une entreprise ou d'un acte de philanthropie, peut transformer une dynamique conflictuelle en une opportunité de rapprochement.

Les clés pour un équilibre sain

1. Établir des attentes claires dès le début

Que ce soit dans une relation de couple, familiale ou amicale, poser des bases financières solides permet d'éviter les malentendus. Discutez des attentes, des contributions et des responsabilités de manière explicite.

2. Garder les émotions sous contrôle

Les discussions financières peuvent rapidement devenir émotionnelles. Prenez le temps de vous calmer avant d'aborder un sujet délicat, et concentrez-vous sur la résolution plutôt que sur le blâme.

3. Rechercher un tiers neutre si nécessaire

Dans les situations avec lesquelles les émotions sont trop intenses, faire appel à un médiateur, un conseiller financier ou un thérapeute peut apporter une perspective extérieure et des solutions constructives.

4. Voir l'argent comme un outil, pas une fin

L'argent ne devrait jamais être l'objectif principal d'une relation. Qu'il s'agisse d'amitié, de famille ou d'amour, privilégiez les valeurs communes, le respect et l'empathie.

5. Faire preuve de générosité et de compréhension

Parfois, faire un pas en avant ou pardonner une erreur financière peut renforcer une relation. N'oubliez pas que les gens sont souvent plus importants que les chiffres.

En fin de compte, l'argent révèle habituellement la profondeur et la solidité de nos relations. Qu'il s'agisse de conflits ou de réconciliations, il offre une opportunité de croissance personnelle et interpersonnelle. Les exemples de cette section montrent que, si les discussions financières peuvent être inconfortables, elles sont aussi une porte ouverte vers une meilleure compréhension mutuelle et des relations plus harmonieuses.

5.4 : Les tensions émotionnelles et l'argent en famille ou en couple

Quand il s'agit d'argent, les émotions ont tendance à s'emballer, surtout dans les relations familiales ou de couple. Ce n'est pas qu'une question de chiffres : les décisions financières touchent à nos valeurs, à nos peurs et, bien fréquemment, à nos blessures les plus profondes. Partage, emprunts, jalousie... Ces thèmes, pourtant ordinaires, peuvent vite devenir explosifs si les émotions sous-jacentes ne sont pas reconnues et gérées.

Les conflits courants liés à l'argent

L'argent est souvent perçu comme un levier de pouvoir ou un miroir de nos attentes. Dans une famille, cela peut mener à des tensions qui, si elles ne sont pas adressées, deviennent de véritables fissures émotionnelles. Un exemple typique : les emprunts entre proches. Pauline, par exemple, a prêté 5 000 euros à son frère Julien pour qu'il puisse régler des dettes. Si, au départ, elle l'a fait de bon cœur, le remboursement tardif a commencé à créer un ressentiment silencieux. Julien, de son côté, évitait le sujet, rongé par la culpabilité de ne pas pouvoir rendre l'argent à temps.

Ces situations ne sont pas rares. Les emprunts entre proches sont souvent basés sur la confiance et l'amour, mais l'absence de règles claires peut engendrer des malentendus. Pour celui qui prête, il y a souvent une attente implicite : "Tu me rembourseras dès que tu pourras." Pour celui qui emprunte, la réalité financière peut rendre ce remboursement compliqué, alimentant un cycle de silence, de culpabilité et de frustration.

Un autre terrain miné est celui du "**partage des responsabilités financières**" dans un couple. Lorsque l'un des deux partenaires gagne nettement plus ou dépense de manière incontrôlée, des tensions peuvent rapidement émerger. Prenons l'exemple de Sarah et Thomas. Sarah, cadre dans une grande entreprise, gagne deux fois plus que Thomas, enseignant passionné, mais sous-payé. Elle couvre la majorité des frais du foyer, mais commence à ressentir une certaine amertume. De son côté, Thomas se sent diminué, convaincu qu'il n'en fait jamais assez. Ce déséquilibre, mal exprimé, risque de faire éclater des conflits sur des sujets superficiels – alors qu'au fond, il s'agit de questions d'estime de soi et de reconnaissance.

Les émotions derrière les disputes financières

Derrière chaque dispute liée à l'argent se cache une émotion. Les voici, décryptées :

- **La culpabilité :** Celle de ne pas pouvoir contribuer suffisamment ou de devoir demander de l'aide. Thomas, par exemple, se sent coupable de ne pas offrir à Sarah un niveau de vie équivalent à son salaire.
- **Le ressentiment :** Lorsqu'on pense donner plus qu'on ne reçoit. Sarah, par exemple, ressent de l'amertume face à son rôle de "pilier financier" dans le couple.
- **La jalousie :** Dans les familles, les différences de revenus ou de style de vie entre frères et sœurs peuvent semer la discorde. Le succès financier de l'un peut être perçu comme une menace par l'autre, surtout si ce dernier traverse une période difficile.
- **La peur :** Celle de manquer, d'être dépendant ou de perdre l'équilibre financier. Cette peur est souvent exacerbée par des expériences passées de précarité.

Comment la communication peut désamorcer ces tensions ?

Si l'argent est si chargé émotionnellement, c'est qu'il touche à des aspects profonds de notre identité. La solution pour éviter que ces tensions ne s'enveniment réside dans une **"communication ouverte"**. Mais soyons honnêtes : parler d'argent n'est jamais simple. Cela demande du courage, de l'écoute, et surtout une volonté commune de trouver un terrain d'entente.

1. Établir des règles claires dès le départ : Que ce soit pour un prêt familial ou un budget de couple, poser des limites et des attentes dès le départ peut prévenir bien des conflits. Pauline, par exemple, aurait pu fixer un échéancier clair avec Julien pour le remboursement, ce qui aurait évité leur ressentiment mutuel.

2. Aborder les émotions cachées : Les disputes sur l'argent ne sont souvent que la partie émergée de l'iceberg. Parler de ses peurs, de ses frustrations ou de ses insécurités peut aider à désamorcer les tensions. Dans le cas de Sarah et Thomas, un dialogue sincère sur leurs ressentis respectifs aurait pu éviter des mois de malentendus.

3. Adopter une vision d'équipe : Plutôt que de voir l'argent comme une source de division, il peut être utilisé pour renforcer les liens. Prenons un autre exemple : Léa et Hugo, un jeune couple qui, au lieu de se focaliser sur leurs différences de revenus, ont décidé de créer un budget commun basé sur leurs priorités partagées. Ils consacrent une part fixe à leurs dépenses personnelles pour éviter toute frustration et investissent ensemble dans leurs projets communs, comme l'achat d'une maison. Leur approche collaborative leur permet de transformer un sujet potentiellement conflictuel en une opportunité de renforcement de leur couple.

Pistes pour mieux gérer les tensions financières

Gérer les tensions autour de l'argent nécessite des outils concrets et une volonté de briser les tabous. Voici quelques pistes :

- **Mettre tout sur la table :** Une transparence totale sur les revenus, les dettes et les priorités est essentielle. Beaucoup de tensions naissent de secrets ou de non-dits. Par exemple, Camille cachait ses dettes à son partenaire, pensant le protéger, mais cela n'a fait qu'aggraver leur situation. Une discussion honnête leur aurait permis de chercher des solutions ensemble.

- **Créer un budget commun :** Dans un couple, avoir un budget clair, où chaque partenaire a son mot à dire, peut éviter bien des conflits. Cela permet aussi de déterminer les priorités communes et d'allouer les ressources en conséquence.

- **Solliciter un médiateur :** Parfois, les émotions sont tellement à vif qu'un regard extérieur peut aider. Un conseiller financier ou un thérapeute spécialisé dans les questions d'argent peut apporter des solutions pratiques et émotionnelles.

- **Reconnaître les contributions non financières :** Tout ne se mesure pas en euros. Dans le cas de Thomas et Sarah, reconnaître que Thomas contribue de manière non financière (en s'occupant davantage des tâches ménagères ou des enfants, par exemple) pourrait rétablir un équilibre dans leur dynamique.

Une anecdote inspirante

Pour finir, voici l'histoire de Claire et Vincent, un couple qui a traversé une véritable tempête financière. Après un licenciement économique, Vincent a dû dépendre de Claire, qui avait déjà du mal à joindre les deux bouts. Les disputes se sont enchaînées, alimentées par la frustration et le stress. Un jour, après une énième dispute, ils ont décidé de tout mettre à plat, aidés par un thérapeute.

Ensemble, ils ont établi un plan : Claire a accepté de prendre en charge les finances à court terme, tandis que Vincent s'est engagé à suivre une formation pour retrouver un emploi. Ce processus, bien que difficile, a non seulement sauvé leur couple, mais aussi renforcé leur confiance mutuelle. Aujourd'hui, ils disent que cette épreuve leur a appris que l'argent n'est qu'un outil, ce qui compte vraiment, c'est la façon dont ils le gèrent ensemble.

Pour finir, les tensions liées à l'argent ne sont pas une fatalité. Avec une communication ouverte, une reconnaissance mutuelle et des règles claires, ces conflits peuvent devenir des opportunités pour renforcer les liens. L'argent, loin d'être un obstacle, peut alors devenir un levier pour construire des relations plus solides et plus sincères.

5.5 : L'argent et les conflits de couple

Quand on parle d'amour, on imagine des papillons, des rêves partagés, des projets d'avenir. Mais quand vient le moment de parler argent, c'est parfois une toute autre histoire. Pourtant, l'argent est l'un des sujets les plus importants – et souvent les plus sensibles – dans une relation de couple. Pourquoi ? Parce qu'il touche à des valeurs profondes, des habitudes personnelles et, souvent, des blessures invisibles.

Comprendre les Tensions Financières dans le Couple

Les conflits liés à l'argent ne naissent pas de nulle part. Ils sont souvent le résultat de divergences d'opinions, de modes de vie ou d'expériences passées.

- **Les différences de vision sur l'argent** : L'un des partenaires préfère épargner pour l'avenir, tandis que l'autre est plus porté sur les plaisirs immédiats. Ces visions, bien qu'également valables, peuvent rapidement devenir des sources de friction.
- **La transparence financière** : Dans certains couples, l'un des partenaires garde des secrets financiers, comme des dettes non déclarées ou des achats dissimulés. Ces non-dits fragilisent la confiance et amplifient les tensions.
- **Les revenus inégaux** : Quand l'un gagne plus que l'autre, cela peut créer un déséquilibre dans la prise de décision ou dans le sentiment d'équité au sein du couple.
- **Les dettes accumulées** : Les crédits étudiants, les emprunts immobiliers ou les dettes de consommation peuvent devenir un poids qui pèse sur la relation, surtout si les deux partenaires n'ont pas les mêmes priorités.

Stratégies pour Une Communication Financière Ouverte

La clé pour surmonter ces tensions ? Une communication honnête, régulière et bienveillante. Voici quelques pistes pour aborder ces discussions souvent délicates.

- **Instaurer des "réunions financières" régulières** : Une fois par mois, prenez le temps de discuter de vos finances ensemble. Où en êtes-vous ? Quels sont vos objectifs ? Qu'est-ce qui vous inquiète ? Ces moments permettent d'éviter les surprises et de renforcer la complicité.
- **Créer un budget commun** : Pour les dépenses partagées (loyer, courses, factures), établir un budget commun permet de clarifier les attentes et d'éviter les frustrations.
- **Exprimer ses attentes sans jugement** : Parlez ouvertement de ce qui est important pour vous sur le plan financier, que ce soit l'épargne, les projets ou même les plaisirs personnels. Chaque point de vue mérite d'être entendu et respecté.
- **Utiliser des outils pratiques** : Des applications comme YNAB ou Tricount peuvent aider à gérer les dépenses communes de manière transparente et pratique.

Une Leçon Apprise à Deux

Prenons l'histoire de Sophie et Marc. Sophie, graphiste indépendante, avait une approche prudente de l'argent, épargnant chaque euro "au cas où". Marc, ingénieur, aimait profiter de ses revenus pour des sorties ou des voyages spontanés. Ces différences les ont souvent conduits à des disputes, surtout en période de vacances ou pour les projets à long terme.

Un jour, après une grosse dispute, ils ont décidé de consulter un conseiller financier. Avec son aide, ils ont mis en place un système clair : un compte commun pour les dépenses essentielles et un budget individuel pour leurs envies personnelles. Cette structure leur a permis de respecter leurs différences tout en collaborant sur leurs objectifs partagés, comme l'achat d'un appartement.

Le résultat ? Moins de disputes et plus de compréhension. Sophie a appris à lâcher prise sur certaines dépenses, et Marc a pris conscience de l'importance d'un coussin financier.

L'Équilibre entre Finances Partagées et Liberté Individuelle

Dans un couple, il est essentiel de trouver un juste milieu entre les finances communes et les finances personnelles.

- **Le compte commun** : Il sert à gérer les dépenses essentielles (loyer, électricité, courses), mais aussi à planifier les projets de couple, comme les vacances ou les achats importants.
- **Les budgets personnels** : Chaque partenaire doit pouvoir disposer d'un montant qu'il gère librement, sans avoir à rendre de compte. Cette liberté renforce l'autonomie et évite les frustrations inutiles.

Les Clés pour Prévenir les Conflits Financiers dans le Couple

Si les discussions financières peuvent être difficiles, elles sont aussi l'occasion de renforcer la relation. Voici quelques conseils pratiques :

1. Planifiez ensemble vos objectifs financiers : Que ce soit pour épargner, acheter une maison ou partir en voyage, définir des objectifs communs renforce le sentiment de travailler dans la même direction.

2. Anticipez les imprévus : Mettez en place un fonds d'urgence. Il vous évitera bien des soucis en cas de dépenses imprévues, comme des réparations ou des problèmes de santé.

3. Célébrez vos réussites : Une fois que vous atteignez un objectif, prenez le temps de le célébrer ensemble. Ces moments renforcent la motivation et la complicité.

4. N'ayez pas peur de demander de l'aide : Si les tensions financières deviennent trop importantes, n'hésitez pas à consulter un conseiller financier ou même un thérapeute de couple.

Pour terminer, l'argent, bien que souvent source de conflits, peut aussi devenir un outil puissant pour renforcer une relation. En apprenant à en parler ouvertement, en respectant les différences et en fixant des objectifs communs, les couples peuvent transformer une source de stress en une opportunité de grandir ensemble. Parce qu'en fin de compte, ce n'est pas seulement une question de chiffres, mais de respect, de collaboration et d'amour.

Chapitre 6 : L'Argent et la Santé Mentale

C'était une matinée typique pour Sophie, mère de deux enfants, jonglant entre son travail exigeant et les tâches domestiques. Mais aujourd'hui, quelque chose pesait plus lourd que d'habitude : sa carte de crédit rejetée à la caisse d'un supermarché. Elle sentait les regards des autres clients sur elle, et son cœur s'emballa. Ce n'était pas seulement une question d'argent. C'était une question de dignité, de contrôle sur sa vie, et surtout de l'anxiété omniprésente liée à sa situation financière.

L'argent a une capacité insidieuse à influencer notre santé mentale. Ce n'est pas uniquement un outil économique ; c'est un facteur de stress, un déclencheur d'émotions profondes et un moteur de nos perceptions personnelles. Les dettes accumulées, l'incertitude économique ou même l'idée d'un avenir financier instable peuvent s'infiltrer dans notre esprit, créant un terrain fertile pour l'anxiété, la dépression et l'épuisement émotionnel. Sophie, comme tant d'autres, était enfermée dans ce cycle.

L'ombre silencieuse de l'argent

Les liens entre l'argent et la santé mentale ne sont pas toujours évidents à première vue. Pour beaucoup, l'argent représente la sécurité. Avoir suffisamment pour couvrir ses besoins de base offre une tranquillité d'esprit, tandis que l'incertitude peut déclencher des nuits blanches. Des études montrent que les personnes confrontées à des difficultés financières prolongées ont un risque accru de souffrir de troubles anxieux et dépressifs.

L'expérience de Sophie illustre cette réalité. Après des mois de jongler avec les factures et les paiements minimums sur ses cartes de crédit, elle se trouvait piégée dans une spirale de stress financier. Les appels incessants des créanciers et le sentiment de honte qui l'accompagnait affectaient sa capacité à se concentrer au travail et son humeur à la maison. Ce n'était pas seulement son portefeuille qui souffrait ; sa santé mentale était gravement compromise.

Mais cette dynamique n'est pas limitée à ceux qui manquent d'argent. Les personnes ayant un revenu élevé ne sont pas immunisées. Elles peuvent ressentir une pression constante pour maintenir leur statut, une peur de tout perdre ou encore un sentiment de vide malgré leur succès financier. Cela montre que l'argent, ou son absence, n'est pas le seul coupable : ce sont nos perceptions et nos attentes qui jouent un rôle clé.

Quand l'argent devient un poids émotionnel

La santé mentale et l'argent sont intimement liés par nos croyances et nos comportements. Certains considèrent l'argent comme une source de validation personnelle : "Si je gagne bien ma vie, je vaux quelque chose." D'autres le perçoivent comme une menace constante, un rappel des échecs passés ou des erreurs financières. Ces pensées créent un fardeau émotionnel qui peut peser lourdement sur notre bien-être.

Revenons à Sophie. Pour elle, l'argent était devenu un symbole de son échec perçu en tant que mère et soutien de famille. Elle évitait les discussions financières avec son conjoint, craignant le jugement ou la confrontation. Pourtant, c'est précisément ce silence qui aggravait son état. La peur et la honte liées à l'argent ont une manière subtile mais destructrice d'éroder non seulement nos finances, mais aussi nos relations et notre estime de soi.

Vers un équilibre sain : l'espoir existe

Malgré l'impact négatif que l'argent peut avoir sur la santé mentale, il est important de se rappeler que des solutions existent. Sophie, par exemple, a fini par chercher l'aide d'un conseiller financier et d'un thérapeute. Ces professionnels l'ont aidée à comprendre que ses problèmes financiers ne définissaient pas sa valeur personnelle. En apprenant à mieux gérer ses finances et à affronter ses peurs, elle a retrouvé une partie de la paix intérieure qu'elle avait perdue.

Cet équilibre entre l'argent et la santé mentale ne vient pas du jour au lendemain. Il nécessite une prise de conscience, des outils pratiques et, souvent, un changement de perspective. Ce chapitre explore les nombreuses façons dont l'argent peut affecter notre esprit, mais il met également en lumière des stratégies pour reprendre le contrôle et préserver notre santé mentale, peu importe notre situation financière.

6.1 : Analyse de l'argent comme source potentielle de stress, d'anxiété et de préoccupations constantes

Il était 3 heures du matin, et Paul fixait le plafond de sa chambre, incapable de dormir. Le tic-tac de l'horloge semblait marteler ses tempes, chaque seconde amplifiant son angoisse. Ce n'était pas une insomnie ordinaire. C'était une angoisse sourde, alimentée par une pile de factures sur sa table de chevet. Comme beaucoup d'autres, Paul vivait sous le poids de la pression financière, une réalité invisible, mais oppressante qui le suivait partout.

Le poids invisible du stress financier

L'argent, en apparence une ressource neutre, possède une capacité étonnante à pénétrer chaque aspect de nos vies. Quand il manque, il devient une obsession ; quand il est abondant, il suscite parfois des inquiétudes différentes, mais tout aussi envahissantes. Dans une société où la réussite est souvent mesurée par la richesse, la pression de "**faire assez**" ou de "**garder le rythme**" peut générer un stress considérable.

Paul, par exemple, n'était pas sans emploi, mais ses revenus ne suffisaient pas à couvrir ses dépenses mensuelles. Chaque mois, il jonglait avec des crédits, cherchant à éviter les pénalités de retard, tandis que ses dettes s'accumulaient en arrière-plan. Ce n'était pas seulement l'aspect financier qui pesait sur lui ; c'était la honte qui l'accompagnait. Paul évitait même les réunions familiales, de peur que quelqu'un lui demande comment ça allait "au travail".

Le lien entre anxiété et argent

Des études révèlent que les personnes confrontées à des problèmes financiers chroniques sont trois fois plus susceptibles de développer des troubles anxieux. Ce n'est pas surprenant : l'argent touche à nos besoins fondamentaux – la nourriture, le logement, la sécurité. Lorsqu'il est en péril, notre cerveau entre dans un état d'alerte constant.

Pourtant, l'anxiété financière ne se limite pas à ceux qui vivent dans la précarité. Les individus ayant des revenus élevés peuvent également être touchés, souvent par des préoccupations liées à la gestion de leur patrimoine ou à la peur de tout perdre. C'est une anxiété différente, mais tout aussi réelle.

Prenons l'exemple d'Amélie, une entrepreneure prospère. Elle avait construit une entreprise florissante et gagnait bien sa vie, mais elle vivait avec une peur paralysante de l'échec. Chaque fluctuation du marché, chaque trimestre moins rentable, la remplissait d'un sentiment de panique. Pour elle, l'argent n'était pas seulement un outil ; c'était une mesure de sa valeur personnelle.

Quand les préoccupations deviennent constantes ?

L'un des aspects les plus insidieux du stress financier est sa capacité à devenir omniprésent. Contrairement à d'autres formes de stress, qui peuvent être ponctuelles, le stress lié à l'argent est souvent continu. Il s'infiltre dans nos relations, nos routines quotidiennes et même nos moments de repos.

Paul, par exemple, avait cessé de profiter des petites joies de la vie. Une invitation à dîner avec des amis devenait une source d'inquiétude : "Comment vais-je payer ma part ?" Un anniversaire ou une fête de famille le plongeait dans une spirale d'excuses et de justification. Ce cycle d'évitement alimentait non seulement son stress, mais aussi un sentiment croissant d'isolement.

Les déclencheurs sociaux et culturels

Le stress financier est également amplifié par les attentes sociales. Nous vivons dans une ère où les réseaux sociaux affichent des images de vacances luxueuses, de nouvelles voitures et d'appartements parfaitement aménagés. Ces comparaisons constantes, bien qu'irréalistes, nourrissent un sentiment d'insuffisance.

Pour Amélie, cette pression se manifestait par une quête incessante de perfection. Elle se comparait constamment à d'autres entrepreneurs, se demandant si elle était "assez bonne". Chaque achat, chaque décision financière devenait une déclaration sur sa réussite, ou son échec.

Les répercussions physiques et émotionnelles

Le stress financier ne se limite pas à l'esprit. Il a des effets tangibles sur le corps. Les insomnies, comme celles de Paul, ne sont que la partie émergée de l'iceberg. Le stress chronique peut entraîner des maux de tête, des troubles digestifs, une tension artérielle élevée et un affaiblissement du système immunitaire.

Émotionnellement, il peut éroder l'estime de soi, provoquer de l'irritabilité et même conduire à la dépression. Paul, autrefois un homme sociable et optimiste, avait perdu son élan. Il se sentait incapable de sortir de ce cycle, ce qui alimentait un cercle vicieux d'inaction et de désespoir.

Vers des solutions et un apaisement

Heureusement, tout stress financier n'est pas insurmontable. Une étape clé pour Paul a été d'ouvrir un dialogue avec un conseiller financier. Pour Amélie, c'était reconnaître que son succès ne se mesurait pas seulement en chiffres, mais dans la manière dont elle vivait sa vie.

Ces solutions, bien qu'essentielles, nécessitent également un travail intérieur. Il s'agit de redéfinir notre relation à l'argent, de distinguer ce que nous possédons de qui nous sommes. Cela implique aussi d'apprendre à demander de l'aide et à cultiver des habitudes financières saines.

Une lumière au bout du tunnel

L'argent peut être une source de stress, mais il peut aussi devenir un outil de libération. Lorsque nous réévaluons nos priorités et réapprenons à gérer nos finances avec clarté et compassion, nous découvrons que le poids de l'argent diminue. Pour Paul, cela signifiait retrouver un sommeil réparateur et un sentiment de contrôle. Pour Amélie, c'était la liberté de se concentrer sur sa passion sans craindre le jugement.

En fin de compte, l'argent, bien que puissant, n'a pas à dicter notre santé mentale. Il est possible de briser ce cycle, de transformer l'anxiété en action et de redécouvrir une vie où l'esprit, et non le portefeuille, prend les rênes.

6.2 : Gérer les Pressions Financières

C'était un mardi matin comme les autres, et Claire, une mère célibataire de deux enfants, venait de déposer ses petits à l'école. Pourtant, au lieu de ressentir un soulagement, elle sentait une boule se former dans son estomac. Son téléphone vibrait avec des notifications de paiements en retard, et elle savait qu'un appel de son propriétaire n'allait pas tarder. L'anxiété financière était devenue sa compagne constante, une ombre qui planait sur chaque moment de sa journée.

Comprendre les Pressions Financières

Les pressions financières ne se limitent pas aux simples obligations matérielles telles que payer le loyer ou honorer des dettes. Elles touchent aussi nos émotions, nos attentes sociales, et ce constant besoin de « faire mieux ». Derrière chaque facture impayée se cache souvent une peur plus profonde : celle de l'échec, de la perte ou de ne pas être à la hauteur.

Prenons Claire, une mère célibataire jonglant avec des revenus modestes et des responsabilités écrasantes. Chaque matin, en consultant son compte bancaire, elle ressent une angoisse sourde. Pourtant, son stress n'est pas uniquement lié au manque d'argent, mais à une perception de perte de contrôle sur sa vie.

Pour surmonter ces pressions, il est essentiel de comprendre qu'elles sont tout autant émotionnelles que financières. Voici comment y faire face de manière réfléchie et pratique.

1. Reconnaître et Externaliser le Stress

La première étape pour alléger la charge est d'accepter la réalité de ses préoccupations financières, sans honte ni culpabilité. Trop souvent, on les enfouit sous un masque de normalité, ce qui ne fait qu'alourdir le fardeau émotionnel.

Claire, par exemple, a commencé par parler de ses difficultés à une amie de confiance. Cette conversation, bien qu'intimidante, lui a permis de relâcher un peu de tension et de ne plus se sentir seule face à ses défis.

Conseil Pratique : Tenez un journal pour noter vos pensées liées à l'argent. Écrire ce que vous ressentez peut vous aider à déterminer vos priorités et à réduire le tourbillon d'anxiété.

2. Construire un Plan Concret

Une fois le stress exprimé, la prochaine étape consiste à passer à l'action. Créer un budget clair, même simple, est un moyen efficace de reprendre le contrôle. En classant ses dépenses, Claire a réalisé qu'elle pouvait économiser en réduisant ses abonnements inutiles et en optimisant ses achats alimentaires.

Conseil Pratique : Utilisez des outils numériques comme des applications de budget ou des modèles Excel. Ils vous permettent de visualiser vos finances en un coup d'œil et d'identifier des domaines à améliorer.

3. Redéfinir Ses Priorités Financières

Une grande partie de l'anxiété financière provient de l'écart entre nos attentes et notre réalité. Claire, par exemple, a réinventé le concept de vacances lorsqu'elle a compris qu'elle ne pouvait pas se permettre un voyage coûteux. À la place, elle a organisé un pique-nique et une nuit sous tente dans son jardin, créant des souvenirs précieux sans compromettre son budget.

Conseil Pratique : Faites une liste des valeurs essentielles pour vous et votre famille. Cela vous permettra d'allouer vos ressources en accord avec ce qui compte vraiment, plutôt que de céder aux pressions extérieures.

4. Développer une Résilience Émotionnelle

La gestion financière ne se limite pas aux chiffres ; elle nécessite aussi une force mentale pour naviguer à travers les périodes difficiles. Claire a découvert que des pratiques simples, comme la méditation quotidienne, l'aidaient à calmer son esprit et à affronter ses défis avec sérénité.

Conseil Pratique : Essayez des techniques comme la respiration consciente ou le yoga. Ces outils renforcent votre résilience émotionnelle et vous permettent de prendre des décisions financières plus éclairées.

5. Trouver du Soutien

Les ressources externes, qu'elles soient humaines ou institutionnelles, peuvent jouer un rôle clé. Claire a consulté un conseiller financier qui l'a aidée à structurer ses dettes et à trouver des solutions adaptées.

Conseil Pratique : Renseignez-vous sur les programmes locaux d'assistance financière ou joignez-vous à des groupes de soutien. Échanger des idées et des expériences peut être extrêmement libérateur.

6. Apprendre à Lâcher Prise

Il est important de reconnaître que certaines variables échappent à notre contrôle. Claire a appris à accepter les limitations de sa situation tout en concentrant son énergie sur ce qu'elle pouvait changer.

Conseil Pratique : Faites une liste de ce que vous pouvez influencer dans vos finances, et apprenez à accepter ce qui est hors de votre portée. Cela réduit l'anxiété inutile et vous permet d'avancer avec clarté.

Encadré Pratique : Réduire le Stress Financier en 4 Étapes

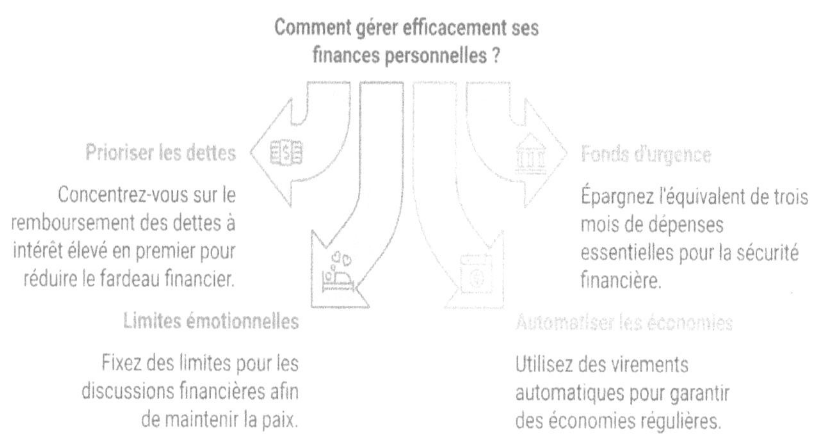

Une Leçon de Résilience

Aujourd'hui, Claire n'a pas totalement surmonté ses défis financiers, mais elle a gagné en sérénité et en contrôle. En célébrant de petites victoires, comme payer une facture à temps, elle s'est reconnectée à un sentiment d'accomplissement.

"L'argent ne devrait jamais être un poids constant." Avec des outils simples, un esprit clair et une résilience émotionnelle renforcée, il est possible de transformer les pressions financières en opportunités de croissance et de liberté.

6.3 : Stratégies psychologiques pour surmonter la peur et l'insécurité financière

Un soir d'hiver, Julie, une entrepreneure en herbe, fixait son écran d'ordinateur avec désespoir. Les chiffres n'ajoutaient pas. Entre le loyer de son local commercial et ses charges fixes, ses finances étaient dans le rouge. La peur l'envahissait. Des questions tourbillonnaient dans son esprit : Et si je perdais tout ? Et si je ne pouvais plus subvenir aux besoins de mes enfants ? Cette peur de l'insécurité financière semblait insurmontable. Pourtant, avec le temps et des stratégies ciblées, Julie a appris à la dompter.

Comprendre la peur financière : Un mécanisme ancré dans la survie

La peur de manquer d'argent n'est pas qu'un simple souci. Elle s'enracine dans des mécanismes de survie profonds. Depuis des millénaires, l'humanité associe la sécurité matérielle à la survie. Lorsque cette sécurité est menacée, notre cerveau réagit de manière instinctive : anxiété, panique, et parfois même paralysie.

Julie a découvert que son anxiété était exacerbée par les souvenirs d'enfance de ses parents se disputant à cause de l'argent. Pour elle, la peur financière n'était pas seulement liée à ses chiffres actuels, mais à des traumatismes non résolus.

Réflexion importante : Identifier l'origine de votre peur est une étape essentielle pour commencer à la surmonter. Est-elle liée à une expérience passée, à une perte réelle ou à des croyances héritées ?

1. Reprendre le contrôle : Transformer l'incertitude en clarté

La peur prospère dans l'incertitude. Pour Julie, le fait d'éviter de regarder ses comptes bancaires ou de planifier ses finances amplifiait son stress. Elle se sentait impuissante face à l'inconnu.

Première stratégie : Développer une vision claire de sa situation financière. Julie a commencé par dresser un tableau de toutes ses dépenses et revenus. Ce n'était pas facile : confronter la réalité peut être terrifiant. Mais cette étape lui a permis de voir où elle pouvait réduire ses coûts et créer un plan d'action réaliste.

Conseil pratique : Prenez une heure chaque semaine pour revoir vos finances. Créez des catégories pour vos dépenses et cherchez des opportunités d'ajustement. Cette routine deviendra une ancre de sérénité.

2. Changer son état d'esprit : Du manque à l'abondance

Un des plus grands défis de Julie était son état d'esprit orienté sur le manque. Elle répétait souvent : " **Je n'ai jamais assez**. " Mais cette façon de penser renforçait son anxiété.

Deuxième stratégie : Cultiver un état d'esprit d'abondance. Julie a commencé un journal de gratitude financière. Chaque jour, elle notait trois choses pour lesquelles elle était reconnaissante, même si elles semblaient insignifiantes : un repas offert par une amie, une facture réglée à temps, ou même un beau rayon de soleil pendant sa pause déjeuner.

Conseil pratique : Prenez quelques minutes par jour pour écrire des affirmations positives, comme "**Je suis capable de gérer mes finances avec sagesse** " ou " **Je suis en chemin vers la sécurité financière.** " Ces exercices peuvent reprogrammer votre esprit et réduire votre peur.

3. Affronter les scénarios catastrophes : La puissance de la visualisation négative

Julie passait beaucoup de temps à imaginer les pires scénarios. Mais au lieu de l'aider, cette habitude alimentait ses angoisses. Un jour, un coach lui a proposé une méthode contre-intuitive : affronter ses peurs en les visualisant délibérément, mais en créant des plans concrets pour y répondre.

Troisième stratégie : Développer un plan B pour chaque crainte. Julie a imaginé ce qu'elle ferait si son entreprise échouait. Elle a identifié les ressources sur lesquelles elle pourrait compter, comme demander un délai à son propriétaire ou chercher un emploi temporaire. Paradoxalement, cette démarche a réduit son anxiété.

Conseil pratique : Prenez une feuille de papier et écrivez vos trois plus grandes craintes financières. Ensuite, détaillez une stratégie pour y faire face. Cela vous donnera un sentiment de contrôle et de préparation.

4. S'entourer des bonnes influences

Julie a réalisé que son environnement jouait un rôle crucial dans son bien-être mental. Lorsqu'elle discutait avec des amis pessimistes, elle sortait de ces conversations encore plus angoissée. À l'inverse, s'entourer de personnes inspirantes et de mentors financiers lui donnait une nouvelle perspective.

Quatrième stratégie : S'entourer de soutien positif. Julie a rejoint un groupe en ligne axé sur la gestion financière. Là, elle a rencontré d'autres entrepreneurs partageant leurs expériences et leurs solutions. Ces échanges l'ont aidée à comprendre qu'elle n'était pas seule dans ses défis.

Conseil pratique : Identifiez les personnes ou communautés qui peuvent vous soutenir émotionnellement et financièrement. Évitez les relations qui renforcent votre peur ou votre sentiment d'échec.

5. Pratiquer la pleine conscience financière

Julie a découvert la pleine conscience lorsqu'elle s'est inscrite à une classe de yoga. Pendant une séance, l'instructrice a parlé de l'importance d'être présent, même face à des situations difficiles. Julie a appliqué ce concept à sa gestion financière.

Cinquième stratégie : Pratiquer la pleine conscience pour réduire l'anxiété financière. Avant de prendre une décision financière, Julie prenait cinq minutes pour respirer profondément et se concentrer sur le moment présent. Cela l'aidait à ne pas réagir impulsivement et à faire des choix alignés sur ses valeurs.

Conseil pratique : Lorsque vous ressentez de l'anxiété liée à l'argent, prenez une pause. Asseyez-vous dans un endroit calme, fermez les yeux et concentrez-vous sur votre respiration pendant quelques minutes. Cela vous aidera à répondre de manière réfléchie au lieu de réagir par peur.

6. Investir dans la formation et l'éducation

Un des moments décisifs pour Julie a été d'investir dans un atelier de gestion financière. Au départ, elle hésitait : comment dépenser de l'argent alors qu'elle en manquait déjà ? Mais elle a vite compris que cet investissement allait lui rapporter bien plus à long terme.

Sixième stratégie : Éduquez-vous pour réduire l'incertitude. Comprendre comment fonctionne l'argent, des bases des investissements aux principes d'épargne, peut transformer la peur en confiance.

Conseil pratique : Recherchez des livres, des podcasts ou des cours en ligne sur la gestion financière. Commencez par des ressources gratuites si votre budget est limité.

L'histoire de Julie : Une transformation inspirante

Aujourd'hui, Julie n'est pas millionnaire, mais elle est en paix. Elle a appris à accueillir ses défis financiers avec courage et à utiliser des stratégies concrètes pour maintenir son équilibre émotionnel. Elle dit souvent : **« Ce n'est pas l'argent qui contrôle ma vie, mais ma façon de penser à son sujet. »**

Son parcours montre que surmonter la peur et l'insécurité financière n'est pas seulement une question de chiffres, mais aussi d'état d'esprit et d'actions intentionnelles.

De la peur à la maîtrise

Pour terminer, la peur de l'insécurité financière peut être paralysante, mais elle n'est pas insurmontable. En adoptant des stratégies psychologiques comme celles utilisées par Julie, il est possible de reprendre le contrôle, de réduire l'anxiété et de créer un avenir plus serein.

Souvenez-vous : ce n'est pas l'absence de défis qui définit la paix financière, mais votre capacité à les affronter avec courage et résilience.

6.4 : L'impact psychologique de la dette et du stress financier

Quand on parle de dette et d'insécurité financière, on parle bien plus que de chiffres ou de comptes bancaires dans le rouge. Ces situations, souvent invisibles pour les autres, touchent profondément à notre santé mentale, à notre estime de soi, et parfois même à notre habileté à rêver ou à se projeter dans l'avenir. La pression constante des dettes, le poids du stress financier… Ce sont des fardeaux silencieux qui peuvent miner la confiance, générer de l'anxiété et, dans certains cas, plonger dans une spirale de dépression.

Quand la dette affecte l'estime de soi ?

Avoir des dettes peut rapidement devenir une source de honte. On se compare aux autres, on se sent "en retard", on évite même de parler de sa situation, de peur d'être jugé. Prenons l'exemple d'Élodie, une jeune mère célibataire qui s'est retrouvée endettée après une séparation difficile. Avec un prêt étudiant à rembourser, une carte de crédit au plafond et des frais de garde d'enfants, elle avait l'impression de ne jamais voir la lumière au bout du tunnel. Chaque mois, les factures impayées s'empilaient, et elle se surprenait à penser qu'elle avait "échoué" dans la vie.

Cette baisse d'estime de soi n'est pas rare. En réalité, elle est souvent renforcée par la pression sociale. Tout autour de nous, les messages véhiculés par la publicité ou les réseaux sociaux glorifient une vie de confort et d'opulence. Face à cela, ceux qui luttent financièrement ont l'impression de ne pas être "à la hauteur". Le sentiment d'inadéquation devient alors un poids supplémentaire, rendant la gestion de la dette encore plus éprouvante.

L'anxiété constante face aux factures

Le stress financier agit comme un bruit de fond permanent, une petite voix qui répète sans cesse : "Comment vas-tu t'en sortir ce mois-ci ?" Ce stress est insidieux parce qu'il ne disparaît jamais vraiment. Même quand une solution temporaire est trouvée – comme le report d'un paiement ou un nouvel emprunt pour combler un trou –, la pression revient de plus belle.

Prenons l'exemple de Mehdi, un étudiant de 24 ans, qui jonglait entre deux jobs pour payer son loyer et rembourser ses frais de scolarité. Chaque soir, il calculait et recalculait ses dépenses, espérant gratter quelques euros ici ou là. Une fois, il a dû choisir entre acheter ses manuels ou manger correctement pendant une semaine. Ce genre de dilemme n'est pas seulement épuisant physiquement, il use aussi mentalement. Mehdi racontait qu'il avait du mal à se concentrer en cours parce que son esprit était constamment préoccupé par l'argent. Son anxiété s'est rapidement transformée en troubles du sommeil, ce qui a aggravé encore plus sa situation.

Des études montrent que ce type de stress chronique peut même affecter notre santé physique. L'insomnie, les migraines, voire les maladies cardiovasculaires sont souvent associées à un stress financier prolongé. Ces effets ne sont pas seulement immédiats : ils peuvent s'accumuler et avoir des répercussions sur le long terme.

La spirale de la dépression

Pour certaines personnes, les dettes et l'insécurité financière ne se contentent pas de générer de l'anxiété. Elles deviennent un véritable piège émotionnel. Lorsque les solutions semblent inexistantes, le sentiment de désespoir s'installe. C'est ce qui est arrivé à Julien, un père de famille qui, après avoir perdu son emploi, s'est retrouvé à accumuler des retards de loyer. Il évitait les appels de son propriétaire et même ceux de ses amis, de peur qu'ils lui demandent des nouvelles qu'il n'avait pas envie de partager.

À force de s'isoler, Julien a fini par sombrer dans une dépression sévère. Il se sentait incapable de protéger sa famille, incapable de se relever. Ce cercle vicieux est malheureusement très courant : le poids de la dette alimente la dépression, et la dépression rend encore plus difficile la recherche de solutions. Les experts appellent cela la "paralysie décisionnelle" : cette impression de ne plus pouvoir agir ou choisir, même quand des options existent.

Une lueur d'espoir : changer de perspective

Malgré tout, il est possible de briser ce cycle. Cela passe souvent par un travail sur soi, mais aussi par l'acceptation d'un fait essentiel : la dette ne définit pas une personne. Revenons à Mehdi, l'étudiant endetté. Après des mois de stress intense, il a décidé de demander de l'aide à un conseiller financier proposé par son université. Ensemble, ils ont établi un plan clair : restructurer ses dettes, demander des bourses supplémentaires, et revoir ses priorités. Ce changement de perspective, combiné à un soutien psychologique, lui a permis de reprendre confiance en lui.

Un autre exemple inspirant est celui de Sabine, une femme de 45 ans qui, après un divorce, s'est retrouvée avec des dettes qu'elle pensait impossibles à rembourser. Plutôt que de se laisser submerger, elle a choisi de suivre des ateliers sur la gestion budgétaire. Elle a aussi trouvé des communautés en ligne où les membres partageaient leurs astuces pour économiser et générer des revenus supplémentaires. En quelques années, Sabine n'a pas seulement remboursé ses dettes : elle a retrouvé une sérénité mentale et un sentiment de contrôle sur sa vie.

Des solutions concrètes pour alléger le fardeau

Sortir de l'impact psychologique de la dette demande souvent une combinaison d'actions concrètes et d'efforts émotionnels. Voici quelques pistes :

1. Parler de sa situation : La honte empêche souvent de demander de l'aide, mais en parler à une personne de confiance (ami, famille ou professionnel) peut être un premier pas crucial.

2. Établir un plan : Même si la dette semble insurmontable, fractionner le problème en étapes gérables peut redonner une sensation de contrôle. Les conseillers financiers, les associations de consommateurs ou même les banques proposent souvent des solutions adaptées.

3. Revoir ses croyances sur l'argent : Trop souvent, on associe la richesse à la réussite et la dette à l'échec. Remettre en question ces idées peut aider à soulager une partie du stress émotionnel.

4. Prendre soin de sa santé mentale : Que ce soit à travers la méditation, la thérapie ou simplement en parlant à un proche, il est essentiel de traiter l'impact émotionnel de la dette comme une priorité.

Une réflexion à emporter

La dette et le stress financier ne sont pas seulement des problèmes matériels. Ce sont des défis qui touchent à notre humanité, à nos peurs, et à nos espoirs. Mais, comme le montrent les histoires de Mehdi et Sabine, il est possible de transformer ces épreuves en opportunités de croissance personnelle. L'essentiel est de ne pas rester seul face à ces difficultés et de se rappeler qu'une solution, même petite, peut être le début d'un renouveau.

Chapitre 7 : L'Argent et la Responsabilité Sociale

Une brise douce caressait les rues animées de la ville lorsque Samuel, un entrepreneur prospère, s'arrêta devant une petite boulangerie. À l'intérieur, il vit une femme discuter avec un adolescent en uniforme scolaire. Intrigué, il entra et surprit la conversation. Le garçon expliquait qu'il n'avait pas assez d'argent pour acheter une miche de pain, mais la femme, la propriétaire, lui offrit le pain avec un sourire chaleureux. « Ce n'est pas grand-chose, mais tu en auras besoin pour tes études. Mange bien et travaille dur » dit-elle.

Cette scène banale déclencha quelque chose chez Samuel. Il réalisa que, malgré sa réussite financière, il n'avait jamais songé à utiliser son argent pour un impact au-delà de son propre cercle. À cet instant, il comprit que l'argent pouvait être bien plus qu'un outil personnel : il pouvait devenir une force pour le bien commun.

Le paradoxe de la richesse individuelle et des besoins collectifs

Dans une société de plus en plus inégalitaire, la richesse n'est pas seulement une question de privilège ; elle s'accompagne aussi d'une responsabilité. La montée en puissance de figures philanthropiques comme Bill Gates, Melinda French Gates ou Mackenzie Scott illustre une prise de conscience globale : accumuler des ressources ne suffit pas. Il faut aussi réfléchir à leur usage pour améliorer le bien-être collectif.

Pourtant, la notion de responsabilité sociale ne concerne pas uniquement les milliardaires. Chaque individu, qu'il soit un salarié moyen ou un entrepreneur à succès, peut jouer un rôle dans l'amélioration de la société. Il ne s'agit pas seulement de dons financiers, mais aussi d'actions simples, comme soutenir une initiative locale, offrir du temps pour du bénévolat ou encourager les pratiques éthiques au travail.

Mais pourquoi, alors, tant de personnes hésitent-elles à franchir le pas ? Souvent, c'est la peur de perdre ou l'impression que leur contribution serait insignifiante. Néanmoins, chaque geste compte, comme une pierre ajoutée à une mosaïque, créant une image plus vaste de solidarité et de progrès.

L'argent comme levier de transformation

L'argent possède un double visage. D'un côté, il est souvent perçu comme une source d'égoïsme ou de pouvoir excessif. De l'autre, il peut devenir un levier puissant pour résoudre des problèmes sociaux et économiques. Prenons l'exemple de Muhammad Yunus, économiste et pionnier du microcrédit, qui a transformé la vie de millions de personnes dans des communautés défavorisées grâce à de petits prêts.

Son initiative rappelle que la responsabilité sociale ne consiste pas seulement à distribuer de grandes sommes, mais à comprendre comment utiliser l'argent pour créer un effet multiplicateur. Investir dans l'éducation, soutenir des entreprises locales ou promouvoir des initiatives environnementales sont autant de moyens de transformer des ressources financières en solutions durables.

La valeur d'un petit geste

Revenons à Samuel, qui quitta la boulangerie ce jour-là avec une nouvelle perspective. Inspiré par ce simple acte de générosité, il décida de lancer un programme dans son entreprise pour offrir des bourses scolaires aux enfants issus de milieux modestes. Au départ, ses collaborateurs étaient sceptiques. « Est-ce vraiment notre rôle? » demandaient-ils. Mais lorsque les premiers bénéficiaires ont partagé leurs histoires de persévérance et de succès, l'impact devint évident. Ce programme n'était plus seulement une initiative caritative ; il était devenu un pilier de l'entreprise, renforçant l'engagement des employés et l'identité de l'organisation.

Cet exemple illustre une vérité fondamentale : peu importe l'échelle de vos ressources, ce qui compte, c'est l'intention et l'action. Que vous soyez une petite entreprise, un particulier ou une grande multinationale, il existe toujours un moyen de contribuer au bien-être collectif.

Ce chapitre explore les nombreuses façons dont l'argent peut être utilisé comme une force pour le bien social. Il ne s'agit pas simplement de réduire les inégalités ou de répondre à des besoins urgents, mais de créer une société plus équilibrée où chacun se sent investi d'une mission.

À travers des exemples concrets, des réflexions et des outils pratiques, nous découvrirons comment adopter une approche plus consciente de nos finances pour aligner sur nos actions. Car en fin de compte, la véritable richesse ne réside pas dans ce que l'on possède, mais dans l'impact que l'on crée autour de soi.

7.1 : Importance de l'éthique dans la gestion de l'argent et exploration de la philanthropie

L'éthique et l'argent, bien qu'étant deux concepts souvent opposés dans l'imaginaire collectif, forment un duo essentiel pour quiconque aspire à laisser une empreinte positive dans le monde. Gérer ses finances avec intégrité, investir avec conscience et redonner à la communauté sont autant de moyens de transformer l'argent en un outil de progrès.

Mais qu'est-ce que cela signifie vraiment, et pourquoi cela devrait-il nous concerner tous ?

L'éthique financière : un pilier incontournable

Prenons l'exemple de Claire, une jeune femme dynamique qui a rapidement gravi les échelons dans une entreprise de marketing. À 28 ans, elle gagnait un revenu confortable, bien au-delà de ses attentes initiales. Pourtant, quelque chose la dérangeait. L'entreprise pour laquelle elle travaillait utilisait des tactiques de publicité trompeuses pour inciter les consommateurs à acheter des produits inutiles.

Un jour, après une campagne particulièrement lucrative, mais moralement discutable, Claire se retrouva face à un dilemme : continuer à profiter de son succès financier ou quitter son poste pour aligner ses actions sur ses valeurs. Elle choisit la seconde option, malgré l'incertitude. Quelques mois plus tard, elle lança sa propre entreprise, axée sur des pratiques marketings transparents et durables.

Cette décision, bien qu'audacieuse, illustre une vérité fondamentale : l'éthique dans la gestion de l'argent ne se limite pas à l'origine des revenus, mais englobe également la manière dont ils sont utilisés. Chaque transaction, chaque investissement, porte une empreinte qui reflète nos valeurs.

La philanthropie : au-delà des dons

La philanthropie, souvent associée à de généreux donateurs milliardaires, peut paraître inaccessible pour le commun des mortels. Pourtant, elle ne se résume pas à écrire des chèques ou à apposer son nom sur une fondation prestigieuse. C'est avant tout une philosophie, une manière d'utiliser ses ressources – qu'il s'agisse de temps, d'argent ou d'expertise – pour améliorer la vie des autres.

Pensez à Rajesh, un propriétaire de petite entreprise en Inde. Bien qu'il n'ait jamais accumulé de grandes richesses, il consacrait chaque année une partie de ses revenus à financer des bourses pour les enfants de son village. Un de ces enfants, Priya, est devenue médecin grâce à ses efforts. Aujourd'hui, Priya soigne gratuitement les habitants de son village une fois par mois, perpétuant ainsi l'esprit de générosité de Rajesh.

Ce genre de philanthropie locale rappelle que même de modestes contributions peuvent avoir un impact durable. Plus important encore, elles créent un effet domino où la bonté se multiplie à travers les générations.

L'éthique dans les investissements : vers une finance responsable

Un autre aspect crucial de l'éthique financière réside dans le choix des investissements. De plus en plus de personnes se tournent vers la finance responsable, qui vise à concilier performance économique et impact positif sur la société ou l'environnement.

Un exemple marquant est celui des fonds ESG (environnementaux, sociaux et de gouvernance), qui permettent d'investir dans des entreprises respectant des critères éthiques. À travers ces choix, les investisseurs ne cherchent pas seulement à générer des rendements financiers, mais aussi à promouvoir des pratiques durables.

Pourtant, certains hésitent à adopter cette approche, craignant des rendements plus faibles. Mais des études montrent que, sur le long terme, les entreprises éthiques ont tendance à mieux performer, car elles attirent des employés et des clients fidèles, tout en réduisant les risques liés à des pratiques irresponsables.

Le pouvoir de dire « non »

Il y a aussi une grande puissance dans la capacité de refuser des opportunités qui ne respectent pas nos valeurs. Prenons l'histoire de Lucas, un entrepreneur en herbe qui a reçu une offre lucrative pour vendre sa start-up à une grande société connue pour ses pratiques douteuses. Bien que l'offre ait été tentante, il a refusé, optant pour une alternative moins lucrative, mais plus alignée sur ses convictions.

Cette décision a marqué un tournant dans sa carrière, car elle lui a valu le respect et la fidélité de ses partenaires et clients. À long terme, cette intégrité a été l'un des principaux moteurs de son succès.

Aligner richesse et responsabilité

Lorsque nous pensons à la gestion de l'argent, il est facile de tomber dans le piège de l'accumulation. Mais l'éthique financière et la philanthropie nous rappellent que l'argent, pour être vraiment puissant, doit être au service de quelque chose de plus grand.

Que vous soyez un jeune professionnel, un investisseur chevronné ou simplement quelqu'un qui cherche à faire une différence, les choix que vous faites aujourd'hui reflètent le monde que vous souhaitez construire.

En fin de compte, l'argent, lorsqu'il est guidé par l'éthique, devient bien plus qu'une simple ressource. Il se transforme en un outil capable d'inspirer, de redonner et de transformer des vies.

7.2 : Donner pour Recevoir

Maxime, chef d'entreprise au sommet de sa carrière, ressentait un vide inexplicable malgré ses réussites. Un jour, il découvre une association locale qui fournit des repas aux sans-abris. Ce qui commence par un simple don évolue en une implication directe dans les opérations. Il découvre alors une vérité universelle : **"Donner ne vide pas, cela remplit."** Cette expérience, loin d'être un sacrifice, enrichit Maxime bien au-delà de ses attentes, transformant sa vie autant que celle des bénéficiaires.

Cette histoire illustre un principe fondamental : la générosité ne profite pas seulement à celui qui reçoit, mais également à celui qui donne. Offrir de son temps ou de son argent n'est pas un geste isolé, mais un acte porteur de sens, capable d'inspirer des transformations personnelles et sociales profondes.

Le double pouvoir du don

Donner active un mécanisme psychologique puissant. Des études ont montré que la générosité stimule la production d'endorphines, connues comme les hormones du bonheur. En d'autres termes, donner procure une satisfaction durable, comparable à celle d'un accomplissement personnel.

Prenons l'exemple de Thierry, un entrepreneur prospère. En finançant des bourses d'études pour des jeunes défavorisés, il pensait initialement simplement redonner à la société. Mais ce geste a bouleversé sa perception de la richesse. Aujourd'hui, Thierry affirme que la reconnaissance et les réussites des jeunes qu'il soutient lui apportent une satisfaction bien plus grande que ses premiers succès professionnels.

De même, Marie, une femme épuisée par un burn-out, a trouvé une nouvelle énergie en consacrant quelques heures par semaine à un refuge pour animaux. Chaque sourire d'un adoptant et chaque ronron d'un chat sauvé ont apaisé son anxiété et redonné un sens à sa vie. Ce qu'elle voyait comme une obligation s'est transformée en un cadeau qu'elle se faisait à elle-même.

L'impact sociétal : des gestes simples aux grandes causes

Chaque geste, aussi petit soit-il, a le pouvoir de transformer des vies. Les grandes cagnottes participatives, comme celle initiée après l'incendie de Notre-Dame de Paris en 2019, en sont un exemple éloquent. Qu'il s'agisse de contributions majeures de grandes fortunes ou de dons modestes de particuliers, ces actions combinées démontrent la force de la solidarité.

Au-delà des grandes causes, les gestes individuels ont également un impact significatif. Dans un village africain, Peter a utilisé ses économies pour financer un puits. Ce projet, simple en apparence, a transformé la vie de toute la communauté : les femmes et les enfants, libérés de la corvée quotidienne de collecte d'eau, ont pu consacrer leur temps à l'éducation et au développement économique.

L'impact du don dépasse la sphère individuelle. Il touche des familles, des communautés, et parfois des nations entières. Chaque contribution, même modeste, participe à un changement collectif.

Pourquoi donner enrichit celui qui donne ?

Donner ne se résume pas à offrir de l'argent ou des biens matériels. C'est un acte profondément humain qui nourrit le sentiment d'appartenance. En partageant, on se connecte à ceux que l'on aide et à une communauté de donneurs partageant les mêmes valeurs.

L'histoire de Christophe, un père de famille, illustre bien ce phénomène. Chaque année, il organise un Noël solidaire, mobilisant ses voisins pour offrir des cadeaux aux enfants défavorisés. Ce projet ne se limite pas à apporter de la joie à ces enfants. Il a également renforcé les liens au sein de la communauté et donné à Christophe un sens de satisfaction personnelle et d'accomplissement.

Donner comme moteur de transformation personnelle

Pour beaucoup, donner est un déclencheur de transformation personnelle. C'est un moyen de redéfinir notre relation à l'argent, de le voir non plus comme un simple outil de consommation, mais comme un levier pour faire le bien.

Prenons Mélanie, une influenceuse dont les revenus provenaient principalement de partenariats lucratifs. Après des années à accumuler des contrats, elle décide de financer des bourses scolaires pour des étudiants défavorisés. En redistribuant une partie de ses gains, Mélanie a trouvé un nouveau sens à son travail, et a réussi à se libérer d'une pression qu'elle ressentait dans son métier. Pour elle, donner est devenu une façon de reconnecter son succès à ses valeurs.

Donner, un acte accessible à tous

Contrairement à une croyance répandue, la philanthropie n'est pas réservée aux riches. Chaque personne, à son échelle, peut faire une différence. Un sourire, une écoute attentive, un partage de compétences : ces gestes sont tout aussi précieux qu'un don financier.

En France, les Restos du Cœur incarnent cet esprit. Des milliers de bénévoles donnent de leur temps pour cuisiner, distribuer des repas ou simplement discuter avec ceux qui en ont besoin. Ces actes, simples, mais profondément humains, créent des connexions qui transcendent les barrières sociales.

Créer un effet domino : la contagion de la générosité

La générosité est contagieuse. Une étude a révélé qu'un simple pourboire laissé par un client dans un café incitait les suivants à faire de même. Ce phénomène, connu sous le nom de "chaîne de générosité", montre comment un acte isolé peut déclencher une série de comportements altruistes.

Un exemple inspirant est celui de Samira, une femme qui a installé une boîte solidaire dans son quartier. Cette boîte, où chacun peut déposer ou prendre des denrées alimentaires, a rapidement inspiré d'autres quartiers à faire de même. Ces petits gestes, multipliés par des centaines de personnes, peuvent avoir un impact durable.

Comment cultiver l'habitude de donner ?

Intégrer la générosité dans son quotidien ne nécessite pas de grands bouleversements. Commencez par de petites actions régulières : un don mensuel à une cause qui vous tient à cœur, quelques heures de bénévolat ou simplement un acte de gentillesse envers un inconnu.

Pour que cet engagement soit durable, il est essentiel de choisir une cause alignée sur vos valeurs personnelles. Que vous soyez passionné par l'éducation, l'environnement ou la santé, trouver une cause qui résonne avec votre identité rend chaque geste plus gratifiant.

Repenser la richesse : partager pour s'enrichir

La véritable richesse ne se mesure pas à ce que l'on possède, mais à ce que l'on partage. Donner transforme l'argent en un vecteur de sens, de connexion et de bonheur durable.

L'histoire de Maxime, cet entrepreneur qui a redécouvert un sens à sa vie à travers son engagement auprès des sans-abris, ou celle de Thierry, qui a trouvé une satisfaction durable en finançant l'éducation des jeunes, montrent que la philanthropie n'est pas seulement un acte généreux. C'est une révélation, une manière de redéfinir sa relation à la richesse.

Pourquoi et comment donner : Les clés de la philanthropie

Pour terminer, donner n'est pas une transaction ; c'est une transformation. En aidant les autres, on s'enrichit soi-même, émotionnellement, socialement et spirituellement. Peu importe la taille du geste, ce qui compte, c'est l'intention et l'impact.

Le don, qu'il s'agisse d'un simple sourire ou d'un projet philanthropique ambitieux, est une manière de réinventer notre relation à l'argent et à la richesse. Il nous rappelle que ce qui définit véritablement une vie, ce n'est pas ce que l'on possède, mais ce que l'on partage.

7.3 : Transformer l'Argent en Impact : Trouver et Soutenir les Causes Qui Vous Tiennent à Cœur

L'argent est plus qu'un simple outil d'échange. Il peut devenir une boussole, pointant vers ce qui importe vraiment. Utiliser son argent pour des causes qui résonnent profondément en nous, c'est transformer une ressource matérielle en un levier d'impact émotionnel, social et spirituel. Mais comment identifier ces causes, et surtout, comment agir de manière significative ?

Une quête personnelle de sens

Prenons l'histoire de Julien, un cadre dans une grande entreprise technologique. Pendant des années, Julien s'est concentré sur l'accumulation de richesse, convaincu qu'elle était la clé du bonheur. Pourtant, après avoir atteint un certain niveau de confort matériel, il a commencé à ressentir une insatisfaction latente.

Un soir, lors d'un voyage d'affaires en Asie, il a visité par hasard une petite école dans un village rural. Les élèves, dont beaucoup marchaient des kilomètres pour assister aux cours, partageaient des livres déchirés et des crayons usés. Julien a été frappé par leur enthousiasme et leur soif d'apprendre, malgré leur manque de ressources.

Ce moment a été un tournant. Julien a décidé d'investir une partie de son argent dans l'amélioration des conditions éducatives dans ce village. Il a financé la construction d'une bibliothèque, fourni du matériel scolaire et mis en place un programme de bourses pour les enfants les plus démunis.

" Chaque fois que je reviens dans ce village, je réalise à quel point mon geste a changé leur quotidien, mais aussi le mien. Cela m'a donné une perspective complètement nouvelle sur ce que signifie vraiment "réussir dans la vie". "

Comment trouver sa cause ?

Choisir une cause qui nous tient à cœur demande une introspection sincère. Posez-vous la question : **Qu'est-ce qui me touche profondément ?** Peut-être est-ce l'éducation, comme pour Julien, ou encore l'environnement, la santé ou les droits humains.

Une méthode simple consiste à réfléchir à vos propres expériences. Avez-vous traversé des épreuves qui vous ont sensibilisé à certains problèmes ? Par exemple, une personne ayant surmonté un cancer pourrait être motivée à soutenir la recherche médicale ou les services aux patients.

Une autre piste consiste à observer les besoins dans votre communauté. Parfois, les causes les plus urgentes sont à portée de main : un refuge pour sans-abri sous-financé, une école manquant de ressources, ou une association locale luttant pour la préservation d'un espace naturel.

L'argent comme outil de transformation

Une fois votre cause identifiée, il est temps de réfléchir à la manière dont vous pouvez utiliser vos ressources pour faire une différence. Cela ne signifie pas nécessairement de faire des dons colossaux. Même des contributions modestes peuvent avoir un impact significatif si elles sont bien ciblées.

Par exemple, Amélie, une graphiste indépendante, ne gagne pas des millions, mais elle a décidé de consacrer une partie de son budget mensuel à soutenir une organisation qui fournit des repas aux enfants défavorisés. Elle y a aussi ajouté une touche personnelle : en tant que graphiste, elle offre bénévolement ses services pour créer des campagnes visuelles percutantes, ce qui aide l'association à attirer davantage de donateurs.

« Je donne de l'argent, mais aussi de mon temps et de mes compétences, » explique Amélie. « Cela me permet de voir concrètement l'impact de mes efforts et de me sentir encore plus connectée à cette cause. »

Les bénéfices personnels du don

Investir dans une cause qui nous tient à cœur ne profite pas seulement à ceux que nous aidons. Cela nous transforme également. La recherche montre que les actes de générosité renforcent notre sentiment de satisfaction personnelle, diminuent le stress, et nous aident à nous sentir plus connectés aux autres.

De plus, en soutenant des initiatives qui reflètent nos valeurs, nous affirmons notre identité et nos convictions. Donner devient alors un acte d'alignement personnel, un moyen d'être fidèle à soi-même tout en contribuant au bien commun.

Créer un plan d'action

Pour beaucoup, l'idée de s'engager dans une cause peut sembler intimidante. Par où commencer ? Voici quelques étapes simples :

1. **Fixez un budget** : Déterminez combien vous pouvez consacrer chaque mois ou chaque année à des causes qui vous tiennent à cœur. Cela peut être une somme fixe ou un pourcentage de vos revenus.

2. Faites des recherches : Identifiez les organisations ou les initiatives qui travaillent sur les questions qui vous préoccupent. Assurez-vous qu'elles sont transparentes et efficaces dans leur gestion des fonds.

3. Diversifiez vos contributions : Vous pouvez soutenir plusieurs causes à petite échelle ou concentrer vos efforts sur un projet spécifique. L'essentiel est de rester aligné sur vos valeurs.

4. Impliquez-vous au-delà de l'argent : Si possible, offrez aussi votre temps où vos compétences. Comme Amélie, votre expertise pourrait être tout aussi précieuse qu'un don financier.

5. Évaluez votre impact : Prenez le temps de suivre les progrès des initiatives que vous soutenez. Cela renforcera votre sentiment d'accomplissement et vous encouragera à continuer.

L'effet domino de la générosité

L'une des merveilles de la générosité est son pouvoir multiplicateur. Lorsque nous donnons, nous inspirons souvent d'autres à faire de même. Ce phénomène, connu sous le nom de « contagion sociale », peut transformer des actions individuelles en mouvements collectifs.

C'est exactement ce qui s'est passé avec une campagne menée par un entrepreneur italien, Marco, dans son quartier. Il a commencé par financer des repas gratuits pour les familles en difficulté dans son café. Très vite, ses voisins et clients ont suivi son exemple, faisant des dons ou offrant leurs services pour préparer et distribuer les repas. En l'espace de quelques mois, ce qui avait commencé comme un simple geste s'est transformé en un réseau communautaire de soutien.

En fin de compte, utiliser son argent pour des causes qui nous tiennent à cœur, c'est investir dans l'avenir. Ce n'est pas seulement un acte de générosité, mais un héritage que nous laissons derrière nous. C'est aussi une façon de donner un sens plus profond à notre relation avec l'argent, en le transformant en un outil de connexion, de compassion et de changement.

Alors, posez-vous cette question : « Que puis-je faire aujourd'hui pour utiliser mes ressources de manière à refléter ce que je valorise le plus ? » En trouvant votre cause et en agissant avec intention, vous découvrirez peut-être que l'un des plus grands plaisirs de la vie réside dans l'art de donner.

7.4 : La satisfaction émotionnelle liée à l'altruisme

Parler d'altruisme, c'est plonger au cœur d'une vérité universelle : donner, c'est recevoir. Cet échange, souvent plus subtil qu'un simple transfert d'argent, nourrit une facette de nous-mêmes qu'on oublie parfois dans une quête purement matérielle : notre santé émotionnelle. Investir dans des causes sociales, tendre la main à ceux dans le besoin, ou simplement partager ce qu'on a, réveille une forme de joie profonde, presque instinctive, qu'aucun bien matériel ne peut remplacer.

Pourquoi donner nous rend heureux ?

Il y a quelque chose de puissant dans l'acte de donner. Que ce soit offrir un repas à quelqu'un, financer une école dans un pays en développement ou s'impliquer dans des projets locaux, cet élan dépasse la simple action. En donnant, on se reconnecte à un besoin humain fondamental : celui de créer du lien.

Les études le prouvent. Une recherche publiée dans **"Psychological Science"** a montré que les gens qui dépensent de l'argent pour les autres – que ce soit pour offrir des cadeaux ou soutenir des causes caritatives – rapportent un niveau de satisfaction personnelle plus élevé que ceux qui le gardent pour eux. Mais pourquoi ? Parce que donner active dans le cerveau les mêmes circuits liés au plaisir que manger un plat qu'on adore ou écouter une chanson qui nous touche.

En plus, il y a une dimension d'accomplissement. Quand on sent qu'on fait partie d'un effort collectif, qu'on contribue à quelque chose de plus grand que soi, on gagne un sentiment de but et de reconnaissance. Et ça, ça nourrit notre estime de soi, tout en calmant nos angoisses existentielles.

L'exemple inspirant de Marc, un entrepreneur transformé par le partage

Marc, 52 ans, avait tout pour être heureux, du moins en apparence. Patron d'une entreprise florissante dans la tech, il possédait une belle maison, plusieurs voitures de luxe, et une vie qui semblait enviable. Mais, malgré tout ce confort, il se sentait vide. Chaque succès professionnel le laissait indifférent, chaque nouvel achat perdait rapidement de son éclat. Un jour, après une conversation anodine avec un ami proche, il a eu le déclic.

L'ami en question lui a parlé d'un programme d'éducation dans une région reculée de l'Afrique, où de nombreux enfants ne pouvaient pas aller à l'école par manque de moyens. Quelque chose dans cette histoire a touché Marc. Il a décidé de financer la construction d'une école. Mais il ne s'est pas arrêté là : il est allé sur place, a rencontré les familles, a discuté avec les enseignants et les enfants.

Ce qu'il a découvert sur place a changé sa vie. Marc s'est rendu compte que sa richesse pouvait créer un impact durable. En voyant les sourires des enfants et en écoutant leurs rêves, il a compris qu'il ne s'agissait pas simplement de donner de l'argent, mais de partager une vision, une énergie. Il raconte souvent que, pour la première fois depuis des années, il avait l'impression d'être véritablement vivant.

La science derrière le bonheur altruiste

Au-delà des anecdotes, il y a une base scientifique solide qui explique pourquoi l'altruisme améliore notre bien-être émotionnel. Quand on donne, le cerveau libère de l'ocytocine, souvent appelée "hormone du bonheur". Cette molécule est connue pour renforcer les liens sociaux et apaiser les tensions.

En plus, les actes altruistes réduisent le stress. Une étude réalisée par l'Université de Pittsburgh a montré que ceux qui consacrent du temps ou de l'argent à aider les autres ont une pression artérielle plus basse et des niveaux de cortisol – l'hormone du stress – significativement réduits. C'est comme si, en aidant les autres, on aidait aussi son propre corps à se réguler.

Et ce n'est pas tout. Des recherches en psychologie positive montrent que les personnes qui s'impliquent dans des activités altruistes développent une plus grande résilience face aux épreuves de la vie. Donner nous rappelle que, même dans les moments difficiles, on a encore la capacité de faire une différence.

Les différentes façons de partager

L'altruisme prend des formes variées. Ce n'est pas toujours une question d'argent. Parfois, un simple geste ou un peu de temps peuvent avoir un impact immense.

1. Le bénévolat : Offrir quelques heures par semaine à une association ou un organisme local est une manière puissante de contribuer. C'est aussi une opportunité de rencontrer des personnes partageant les mêmes valeurs.

2. Les micro-dons : Avec les plateformes de financement participatif, même un petit montant peut faire une grande différence. Imaginez une multitude de gens contribuant chacun une petite somme à une cause. L'effet cumulé est énorme.

3. Le mentorat : Partager son savoir ou son expérience avec quelqu'un qui débute peut être incroyablement gratifiant.

4. Les gestes du quotidien : Parfois, il suffit d'un sourire, d'un compliment ou d'un mot d'encouragement pour illuminer la journée de quelqu'un.

Ces actions, aussi simples soient-elles, ont toutes un point commun : elles nous reconnectent aux autres, tout en nourrissant notre propre satisfaction émotionnelle.

L'histoire de Claire et son projet de cuisine solidaire

Claire, 38 ans, a perdu son emploi pendant la pandémie. Plutôt que de sombrer dans l'amertume, elle a décidé de transformer une passion en projet social. Grande amatrice de cuisine, elle a commencé à préparer des repas pour les familles de son quartier en difficulté.

Au début, elle utilisait ses propres économies pour acheter les ingrédients. Mais très vite, d'autres voisins ont rejoint son initiative, apportant des produits ou proposant leur aide pour cuisiner et distribuer les repas. Ce qui avait commencé comme une simple idée est devenu un mouvement local.

Pour Claire, cette expérience a été une révélation. Elle a découvert qu'aider les autres lui donnait un but, une énergie qu'elle pensait avoir perdue. Aujourd'hui, elle gère une association et raconte souvent que ce projet a été le plus beau cadeau qu'elle ait jamais reçu.

Quand donner devient une habitude ?

L'altruisme ne devrait pas être un acte exceptionnel, mais une habitude. En intégrant le partage dans notre quotidien, on crée un cercle vertueux : on donne, on reçoit de la satisfaction, ce qui nous pousse à donner encore plus.

Une idée intéressante est de planifier ses dons. Par exemple, certaines familles consacrent un pourcentage fixe de leur budget à des causes qui leur tiennent à cœur. Cela permet non seulement de structurer leur contribution, mais aussi d'en faire une tradition familiale.

D'autres adoptent ce qu'on appelle la "gratitude active". C'est le fait de réfléchir chaque jour à une chose qu'on peut faire pour améliorer la vie de quelqu'un d'autre. Ce petit exercice a un impact énorme sur notre perception de nous-mêmes et sur notre bonheur général.

À la fin, donner, c'est bien plus qu'un acte financier ou matériel. C'est une manière de se reconnecter à nos valeurs, de renforcer notre lien avec les autres, et de cultiver une satisfaction personnelle durable. Les histoires de Marc, Claire et tant d'autres montrent que l'altruisme est une richesse en soi. Alors, pourquoi attendre pour en faire une partie essentielle de notre vie ?

Chapitre 8 - Stratégies pour Utiliser l'Argent de Manière Équilibrée

L'argent est bien plus qu'une simple monnaie d'échange ; il reflète nos valeurs, nos priorités et nos rêves. Pourtant, il peut aussi devenir une source de déséquilibre. Trop épargner par peur de manquer, c'est risquer de passer à côté des plaisirs du présent. Dépenser sans compter, c'est se priver de la sécurité d'un avenir serein. Alors, comment trouver cet équilibre subtil entre ces deux extrêmes ?

Prenons l'exemple d'Hugo, un jeune cadre ambitieux. Fraîchement promu, il avait décidé de se récompenser pour ses longues années de travail acharné. D'un côté, il investissait prudemment dans des placements sécurisés. De l'autre, il profitait de voyages, de sorties et de gadgets dernier cri. Mais un jour, alors qu'il regardait ses finances, il a réalisé qu'il s'approchait dangereusement d'un point critique : ses dépenses frisaient l'excès, et son épargne peinait à suivre. « Je veux tout faire maintenant », confia-t-il à un ami, « mais en même temps, je ne veux pas sacrifier mon avenir. »

Cette réflexion est au cœur de ce chapitre. Comment équilibrer le besoin de profiter du moment présent avec celui de bâtir un futur stable ? Comment utiliser l'argent non pas comme un fardeau ou une tentation, mais comme un outil pour vivre une vie épanouie et alignée sur nos valeurs ?

La réponse réside dans une approche consciente et intentionnelle. Cela implique de comprendre nos motivations profondes, d'établir des priorités claires et de cultiver une discipline bienveillante envers nous-mêmes. Mais surtout, cela demande de repenser notre relation à l'argent : non pas comme une fin en soi, mais comme un moyen d'atteindre ce qui nous importe vraiment.

Dans les pages qui suivent, nous explorerons des stratégies concrètes et des perspectives psychologiques pour faire de l'argent un allié, plutôt qu'un obstacle. Nous verrons comment équilibrer épargne et dépenses, planification et spontanéité, responsabilité et plaisir. Que vous soyez dans une phase de reconstruction financière ou simplement en quête d'un mode de vie plus harmonieux, ce chapitre vous offrira des clés pour transformer votre gestion de l'argent et, peut-être, votre vie.

L'équilibre financier n'est pas un objectif lointain ou abstrait. C'est un choix, une pratique, et avant tout, une manière de vivre en cohérence avec ce qui compte réellement.

8.1 : Conseils pratiques pour gérer ses finances de manière saine

L'argent peut être un formidable allié ou un poids constant, tout dépend de la façon dont on décide de le gérer. Quand on parle de finances saines, deux piliers ressortent immédiatement : la budgétisation, cette base incontournable qui structure nos dépenses, et les choix d'investissements, qui construisent notre avenir. Mais avant de plonger dans les chiffres et les techniques, il faut comprendre une chose essentielle : gérer son argent, c'est d'abord gérer ses priorités et ses émotions.

Comprendre où va votre argent : le point de départ

Vous êtes-vous déjà demandé où passe tout votre argent à la fin du mois ? Il n'y a rien de pire que d'avoir l'impression de travailler dur sans voir où cela mène. Pour commencer, il est crucial d'analyser ses habitudes de dépenses. Prenons l'exemple d'Isabelle, une trentenaire qui gagnait correctement sa vie, mais finissait chaque mois avec un compte en banque proche du zéro. En listant toutes ses dépenses, elle s'est rendu compte qu'une bonne partie partait dans des abonnements inutilisés, des repas à l'extérieur et des achats impulsifs en ligne.

Pour éviter ce genre de situations, une simple habitude peut tout changer : suivre ses dépenses. Que ce soit avec un carnet, une application mobile ou un tableur, l'important, c'est d'avoir une vue claire et honnête de vos finances. Une fois cette étape franchie, vous pourrez commencer à bâtir un budget solide.

La budgétisation : votre feuille de route financière

Budgétiser, ce n'est pas se priver ; c'est décider consciemment où votre argent doit aller. Une méthode très populaire et facile à appliquer est celle des 50/30/20. Voici comment ça marche :

- 50 % pour les besoins essentiels : logement, nourriture, transport, factures.
- 30 % pour les plaisirs personnels : loisirs, sorties, abonnements.
- 20 % pour l'épargne et le remboursement des dettes.

Prenons l'exemple d'Alex, un jeune salarié qui a adopté cette méthode. Grâce à elle, il a pu non seulement réduire ses dettes étudiantes plus vite, mais aussi mettre de côté pour des vacances qu'il rêvait de s'offrir. Ce système, bien qu'il soit flexible, impose une discipline douce, mais efficace.

Pour aller plus loin, n'hésitez pas à personnaliser votre budget en fonction de vos priorités. Si vous rêvez d'acheter une maison ou de lancer un projet entrepreneurial, ajustez vos pourcentages pour épargner davantage.

Faire face aux imprévus : construire un fonds d'urgence

Avoir un fonds d'urgence, c'est comme porter un gilet de sauvetage dans une mer agitée. Les imprévus arrivent toujours : panne de voiture, frais médicaux, ou une période sans emploi. L'idéal est de mettre de côté l'équivalent de trois à six mois de vos dépenses essentielles.

Prenons l'histoire de Julien. Pendant la pandémie, il a perdu son emploi du jour au lendemain. Heureusement, son fonds d'urgence lui a permis de payer son loyer et ses factures sans s'endetter, le temps de retrouver un travail.

La clé pour constituer ce fonds est de commencer petit. Même 50 euros par mois suffisent. Ce qui compte, c'est la régularité.

Investir : penser à l'avenir tout en restant réaliste

Une fois vos bases financières solides, il est temps de regarder vers l'avenir. L'investissement n'est pas réservé aux riches ou aux experts en finance. Il existe aujourd'hui des solutions accessibles à tous, adaptées à chaque budget et à chaque objectif.

- **Les livrets d'épargne :** idéaux pour sécuriser votre argent tout en le rendant disponible à tout moment. Parfaits pour les débutants.
- **La bourse** : abordable grâce aux plateformes en ligne, elle permet d'investir dans des actions ou des ETF. Mais attention, investir en bourse demande une certaine éducation pour éviter les erreurs coûteuses.
- **L'immobilier** : investir dans un bien locatif peut générer des revenus passifs réguliers.
- **Les projets alternatifs** : comme les crypto-monnaies ou le crowdfunding, pour ceux qui aiment prendre des risques mesurés.

Un exemple inspirant est celui de Mathilde, une mère de famille qui a commencé à investir dans des ETF avec seulement 100 euros par mois. Aujourd'hui, elle a réussi à constituer un portefeuille solide, qui lui rapporte un revenu complémentaire.

Éviter les pièges courants

Gérer ses finances de manière saine, c'est aussi savoir reconnaître et éviter les pièges. Parmi les plus fréquents :

- **Les crédits à la consommation** : bien qu'ils puissent dépanner, ils peuvent vite devenir un gouffre financier à cause des taux d'intérêt élevés.
- **Les achats impulsifs** : une règle simple peut aider : attendez 24 heures avant de faire un achat important.
- **Le manque de diversification** : investir tout son argent dans une seule solution est risqué. Diversifiez pour protéger votre patrimoine.

L'état d'esprit : votre meilleur allié

Au-delà des chiffres, votre rapport à l'argent joue un rôle énorme. Cultiver un état d'esprit sain et positif est essentiel pour maintenir un équilibre financier durable. Prenons l'exemple de Paul, qui voyait l'argent comme une source de stress constant. En apprenant à le considérer comme un outil plutôt qu'un ennemi, il a réussi à reprendre le contrôle de ses finances.

Adopter une vision à long terme, apprendre à différer la gratification et célébrer ses petites victoires sont autant de pratiques qui renforcent cet état d'esprit.

Pour conclure, l'argent n'est pas une fin en soi, mais un moyen de construire une vie qui vous ressemble. En gérant vos finances de manière réfléchie, vous vous offrez la liberté de choisir ce qui compte vraiment. Que ce soit par une budgétisation efficace, des choix d'investissements judicieux ou un fonds d'urgence bien rempli, chaque pas vers une gestion équilibrée de votre argent est un pas vers plus de sérénité et de possibilités.

8.2 : Priorités Financières et Valeurs Personnelles

L'argent n'est jamais simplement un outil. Il s'enracine dans nos émotions, nos croyances et notre vision de la vie. Pourtant, combien d'entre nous ont pris le temps de se demander : **"Mes objectifs financiers reflètent-ils ce que je valorise réellement ?"** Cette question simple, mais essentielle, est souvent éclipsée par l'urgence des factures, des attentes sociales et du rythme effréné de la vie moderne. Néanmoins, c'est ici que réside la clé d'une relation saine avec l'argent : l'alignement entre nos finances et nos valeurs personnelles.

Les valeurs comme boussole financière

Prenons l'histoire d'Émilie. Cadre dans une entreprise prestigieuse, Émilie avait tout pour être comblée : un bon salaire, une belle maison, des voyages réguliers. Mais chaque soir, elle s'endormait avec une sensation de vide. Après une séance de coaching, elle a compris que son parcours financier était dicté par des standards qu'elle n'avait pas choisis. Sa véritable passion ? Le soutien à l'éducation des jeunes filles dans des régions défavorisées.

Émilie a redéfini ses priorités : elle a réduit son train de vie, vendu des biens superflus, et réorienté une partie de son salaire vers des bourses d'études et des projets éducatifs. Pour la première fois, ses dépenses avaient du sens. « Ce **n'est pas ce que je gagne, mais ce que je fais de cet argent qui donne un sens à ma vie »** , disait-elle.

Cette transition montre une vérité universelle : les valeurs sont la boussole qui donne une direction à notre argent.

Identifier ses valeurs profondes

Avant d'établir des objectifs financiers, il est impératif de faire un travail introspectif. Quels sont les piliers de votre existence ? Est-ce la liberté ? La sécurité ? La famille ? L'impact social ? En répondant à ces questions, vous pouvez tracer un fil rouge entre vos choix financiers et ce qui compte vraiment pour vous.

Une méthode efficace est d'écrire vos cinq principales valeurs, puis de les comparer à vos dépenses actuelles. Cela peut révéler des dissonances surprenantes. Par exemple, si vous valorisez la créativité, mais que votre budget est entièrement absorbé par des dépenses utilitaires, il peut être temps de réajuster vos priorités.

Établir des objectifs financiers inspirés par ses valeurs

L'alignement entre argent et valeurs ne signifie pas abandonner les objectifs traditionnels comme épargner ou investir. Cela signifie les aborder sous un angle plus personnel. Voici comment procéder :

1. Rendre vos objectifs tangibles et émotionnels

Transformer une valeur en objectif financier nécessite de lui donner une forme concrète. Par exemple, si la générosité est l'une de vos valeurs, vous pourriez décider de consacrer 10 % de vos revenus à des dons chaque année.

2. Créer une hiérarchie des priorités

Tous les objectifs financiers ne sont pas égaux. Classez-les par ordre d'importance en fonction de vos valeurs. Vous pourriez réaliser que certains d'entre eux – comme acheter une nouvelle voiture – ne sont pas aussi cruciaux que d'autres – comme prendre une année sabbatique pour vous concentrer sur un projet personnel.

3. Fixer des délais réalistes

Les objectifs financiers basés sur vos valeurs doivent être ancrés dans le temps. Établissez des échéances claires pour éviter qu'ils ne restent de simples souhaits.

Comprendre ses valeurs est une première étape essentielle. Mais pour aligner sur ces valeurs, il est utile de prendre un moment pour réfléchir activement et ajuster vos priorités. Voici un exercice guidé qui vous permettra d'évaluer votre alignement émotionnel et financier.

Exercice Pratique : Alignement Émotionnel et Financier

1. Prenez 10 minutes pour répondre à ces questions :

- Qu'est-ce qui me procure une satisfaction durable ?
- Mes objectifs financiers actuels sont-ils alignés sur mes valeurs ?
- Ai-je tendance à dépenser pour impressionner ou pour satisfaire mes besoins réels ?

2. Visualisation des priorités :

- Tracez un cercle et divisez-le en 4 parties égales :

- Besoins essentiels
- Épargne
- Loisirs
- Don/investissement

Évaluez vos dépenses actuelles et comparez-les à ce modèle. Si les proportions ne correspondent pas à vos aspirations, réfléchissez à des ajustements concrets.

Cet exercice n'a pas pour but de juger vos choix actuels, mais de vous offrir une vision claire pour avancer en conscience. En ajustant vos dépenses à ce qui compte vraiment, vous trouverez un équilibre entre satisfaction personnelle et sérénité financière.

Équilibrer valeurs et obligations

Cependant, aligner finances et valeurs ne signifie pas ignorer vos responsabilités. C'est une question d'équilibre. Supposons que vous soyez un parent qui valorise à la fois l'éducation de vos enfants et votre propre développement personnel. Il peut être tentant de consacrer l'intégralité de vos ressources à vos enfants, mais cela pourrait vous priver d'opportunités essentielles à votre épanouissement.

Un bon équilibre consiste à allouer des budgets distincts à ces deux priorités. De cette manière, vous pouvez poursuivre votre propre croissance tout en assurant un avenir prometteur à vos enfants.

Réexaminer ses priorités au fil du temps

Les priorités financières évoluent. Ce qui est essentiel à une étape de votre vie peut perdre de son importance à une autre. Par exemple, à vingt ans, vous pourriez valoriser l'aventure et consacrer vos finances à des voyages. À quarante ans, la stabilité pourrait devenir plus importante, et vos priorités se tourneront vers l'épargne et les investissements.

Il est donc crucial de revisiter vos valeurs et objectifs régulièrement. Un exercice simple consiste à faire un bilan annuel de vos finances et de vos aspirations personnelles.

Pour conclure, en alignant vos finances avec vos valeurs, vous donnez un sens profond à votre argent. L'exercice pratique et les outils proposés dans cette section ne sont qu'un point de départ pour transformer votre relation à l'argent. En adoptant cette approche, vous créez une harmonie durable entre vos choix financiers et votre bien-être émotionnel.

8.3 : Guide pour une planification financière

Planifier ses finances, c'est un peu comme dessiner les plans d'une maison. Il ne suffit pas de rêver à ce qu'on aimerait construire ; il faut des fondations solides et une vision claire pour que tout tienne la route. Dans un monde avec lequel l'argent peut rapidement devenir une source de stress ou de déséquilibre, apprendre à gérer son futur financier avec équilibre et sérénité est essentiel.

Pourquoi planifier est indispensable ?

Beaucoup de gens naviguent à vue quand il s'agit de leurs finances. Résultat ? Des fins de mois difficiles, des objectifs personnels mis de côté, et un sentiment de frustration qui s'installe. Pourtant, prendre le temps de planifier, c'est s'offrir un cadeau pour l'avenir. Cela ne signifie pas vivre dans la privation ou l'obsession du contrôle, mais plutôt faire des choix éclairés pour éviter les excès et les regrets.

Prenons l'exemple de Lucie. À 35 ans, elle se rend compte qu'elle n'a jamais vraiment réfléchi à ce qu'elle voulait faire de ses économies. Elle dépensait sans compter lors de promotions ou d'occasions spéciales, tout en rêvant d'ouvrir un petit café. Avec un peu de recul et une meilleure planification, elle a commencé à mettre de côté 15 % de ses revenus chaque mois. Deux ans plus tard, elle a pu lancer son entreprise sans emprunter à la banque.

Les bases d'une planification financière équilibrée

1. Fixez vos priorités

Tout commence par vos envies et vos besoins. Vous voulez acheter une maison ? Voyager ? Préparer votre retraite ? Listez ces objectifs par ordre d'importance. Et surtout, soyez honnête avec vous-même : si votre bonheur passe par des plaisirs simples, inutile de viser des objectifs extravagants.

2. Créez un budget flexible

Le budget, c'est votre meilleur allié. Mais attention, il ne doit pas être une prison ! Prévoyez des marges pour les imprévus et laissez de la place pour vos plaisirs. Un bon équilibre pourrait être :

- 50 % pour les besoins essentiels (logement, nourriture, transport)
- 30 % pour vos envies (loisirs, sorties, passions)
- 20 % pour vos objectifs (épargne, investissement).

Julien, par exemple, utilise cette méthode depuis cinq ans. Grâce à cela, il a pu économiser pour un voyage autour du monde tout en continuant à se faire plaisir au quotidien.

3. Prévoyez l'imprévisible

La vie est pleine de surprises, bonnes comme mauvaises. Une panne de voiture, une opportunité d'investissement ou un problème de santé peuvent chambouler vos plans. Avoir un fonds d'urgence équivalent à trois à six mois de dépenses peut faire toute la différence.

Par exemple, Anna, une photographe freelance, a vu son activité s'effondrer pendant une crise économique. Grâce à son fonds d'urgence, elle a pu payer son loyer et continuer à investir dans son matériel, ce qui lui a permis de rebondir rapidement.

Aligner ses finances sur un futur épanouissant

Planifier ses finances ne se résume pas à accumuler de l'argent. Cela implique de réfléchir à la façon dont cet argent peut contribuer à une vie plus riche, dans tous les sens du terme.

- **Investissez dans votre développement personnel**

Que ce soit à travers des formations, des livres ou des expériences, investir en vous-même est l'un des choix les plus rentables que vous puissiez faire.

Maxime, par exemple, a décidé de consacrer 10 % de ses revenus à des formations en ligne. Cela lui a permis d'obtenir une promotion et d'augmenter ses revenus de manière significative en moins de trois ans.

- **Contribuez à des causes qui vous tiennent à cœur**

Utiliser une partie de son argent pour aider les autres peut apporter un immense sentiment de satisfaction. Cela peut être aussi simple que soutenir une association locale ou financer un projet communautaire.

L'histoire de Claire illustre bien cette idée. Passionnée par l'environnement, elle consacre chaque année une partie de son budget à des initiatives de reforestation. Non seulement cela aligne ses actions avec ses valeurs, mais cela renforce aussi son sentiment d'impact positif.

Les outils pour une planification réussie

Aujourd'hui, la technologie peut grandement faciliter votre organisation financière. Voici quelques outils pratiques :

- **Applications de gestion :** des outils comme Mint ou Bankin' permettent de suivre vos dépenses et d'ajuster vos objectifs en temps réel.
- **Simulateurs en ligne :** ils vous aident à visualiser l'impact de vos décisions financières, comme l'achat d'un bien immobilier ou l'épargne pour la retraite.
- **Coachs financiers :** un professionnel peut vous accompagner pour établir une stratégie sur mesure, adaptée à vos besoins et vos valeurs.

Un exemple inspirant est celui de Thomas, qui, grâce à un coach, a appris à réduire ses dettes tout en investissant dans des actions à long terme. En cinq ans, il a non seulement stabilisé ses finances, mais aussi accru son patrimoine.

Cultiver l'équilibre, pas la perfection

L'erreur la plus courante dans la planification financière est de chercher la perfection. En réalité, il est normal de dévier de ses objectifs ou de faire des erreurs. L'important est de rester flexible et de réajuster régulièrement vos plans.

Sophie, par exemple, s'était fixé un objectif ambitieux d'économiser 20 000 euros en deux ans pour acheter une voiture électrique. Un an plus tard, elle a décidé de revoir ses priorités pour consacrer cet argent à un voyage familial. Même si elle n'a pas atteint son objectif initial, elle considère que cet ajustement lui a permis de créer des souvenirs inoubliables avec ses enfants.

Un avenir éclairé grâce à des choix conscients

En fin de compte, planifier ses finances pour un avenir équilibré, c'est avant tout une démarche de réflexion et de choix. Chaque décision, qu'elle soit grande ou petite, construit une partie de votre futur. Et ce futur, il mérite d'être à la hauteur de vos rêves et de vos valeurs.

Prenez le temps de réfléchir, d'expérimenter et d'ajuster vos plans. Ce n'est pas tant le montant sur votre compte qui compte, mais la manière dont vous utilisez ces ressources pour construire une vie qui vous ressemble.

8.4 : L'Équilibre entre Logique Financière et Sérénité Émotionnelle

L'argent est une corde tendue : trop tirée, elle casse ; pas assez, elle devient inutile. Trouver l'équilibre entre logique financière et sérénité émotionnelle, c'est apprendre à marcher sur cette corde avec justesse. Cet équilibre, bien construit, réduit l'anxiété tout en amplifiant la satisfaction dans la vie. Mais comment y parvenir ? Voici des étapes concrètes et un guide visuel pour vous aider à transformer votre relation à l'argent.

Comment Transformer Votre Relation à l'Argent en 5 Étapes Simples

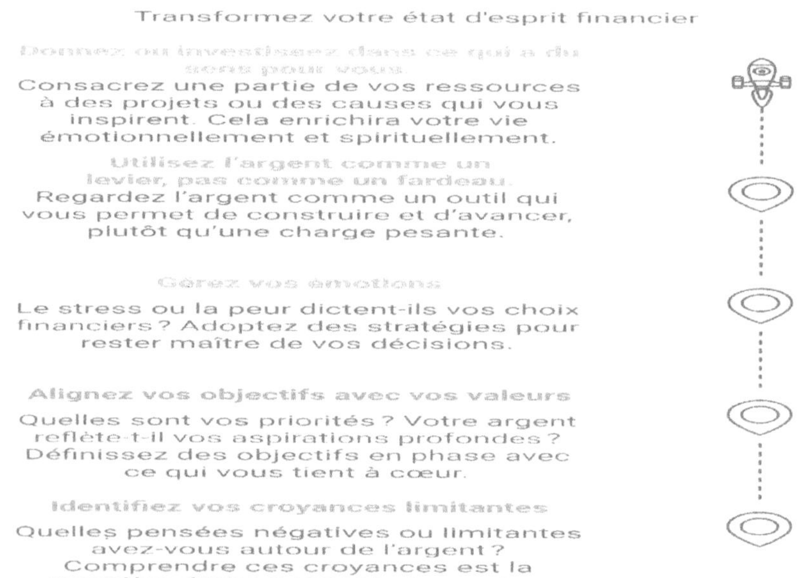

Cette infographie illustre des étapes essentielles pour changer votre rapport à l'argent. En les suivant, vous pourrez mieux aligner vos finances sur vos valeurs et émotions, et trouver un équilibre durable.

Quand l'émotion prend le pas sur la logique ?

Qui n'a jamais cédé à une dépense impulsive sous l'effet de l'émotion ? Après une journée stressante, il est facile de se réfugier dans le shopping, un dîner hors budget, ou un gadget inutile. Sur le moment, cela soulage. Mais après ? Souvent, la culpabilité s'installe, accompagnée d'une question lancinante : " **Pourquoi j'ai fait ça ?**"

Sophie, une jeune trentenaire avec un salaire confortable, vivait ce cycle régulièrement. À chaque frustration au travail, elle se réfugiait dans le shopping en ligne, accumulant des achats impulsifs. En prenant conscience de ce schéma, Sophie a adopté une règle simple : attendre 48 heures avant tout achat non essentiel. Cette barrière temporelle lui a permis de retrouver le contrôle tout en respectant ses émotions.

Nos émotions influencent continuellement nos décisions financières. Pour éviter qu'elles ne déséquilibrent notre logique, il est essentiel d'en comprendre les mécanismes.

Pourquoi l'équilibre est essentiel ?

Une gestion financière saine repose sur deux piliers : la logique et les émotions. Trop de logique peut mener à une vie austère, dénuée de plaisirs simples. Trop d'émotion, en revanche, peut engendrer un chaos financier qui accentue le stress.

Trouver l'équilibre consiste à aligner sur vos valeurs et vos besoins émotionnels. Cet alignement non seulement apaise l'anxiété, mais il offre une satisfaction durable, celle de vivre en accord avec ses priorités personnelles.

Exercice guidé : Alignement entre finances et émotions

Pour atteindre cet équilibre, il est utile de prendre un moment pour clarifier vos priorités. Voici un exercice pratique et visuel :

1. Identifiez vos valeurs

Listez trois choses fondamentales pour vous (ex. : liberté, sécurité, famille). Ces valeurs deviendront votre boussole financière.

2. Reliez vos valeurs à vos finances

Pour chaque valeur, réfléchissez à la manière dont vos finances peuvent les refléter. Par exemple, si vous valorisez la sécurité, priorisez l'épargne. Si vous aimez voyager, allouez un budget spécifique.

3. Analysez vos émotions liées à l'argent

Notez ce que vous ressentez en pensant à vos finances (ex. : stress, satisfaction, confusion). Identifier ces émotions vous aidera à comprendre vos déclencheurs.

4. Visualisez vos priorités

Dessinez un cercle divisé en quatre parts égales : besoins essentiels, loisirs, épargne, don/investissement. Comparez vos dépenses actuelles à ce modèle. Si les proportions ne correspondent pas à vos aspirations, réfléchissez à des ajustements concrets.

5. Fixez des objectifs alignés

Définissez des objectifs mesurables en phase avec vos valeurs (ex: épargner 20 % de vos revenus pour un projet). Revoyez vos progrès chaque mois pour maintenir le cap.

Cet exercice vous permettra de trouver un équilibre entre vos émotions et vos finances, et de poser les bases d'une gestion financière plus consciente.

L'histoire inspirante de Paul : l'art de rééquilibrer

Paul, cadre bien rémunéré, vivait avec une anxiété constante liée à l'argent. Obsédé par l'épargne, il s'interdisait tout plaisir personnel, convaincu qu'il devait toujours économiser "au cas où". Pourtant, ce comportement le privait de moments de bonheur.

Lors d'un séminaire, Paul a compris que sa peur du futur étouffait sa joie de vivre. En réorganisant son budget, il a décidé d'allouer une partie de ses économies à des activités familiales et à sa passion pour la randonnée. Ce choix a transformé son quotidien : il était toujours prévoyant, mais il vivait aussi pleinement le présent. Pour Paul, trouver cet équilibre a été la clé d'une vie plus sereine.

Stratégies pratiques pour maintenir l'équilibre

Si trouver l'équilibre est une étape cruciale, le maintenir demande des efforts constants. Voici quelques stratégies efficaces :

1. Budget émotionnel

Créez une catégorie dans votre budget pour des plaisirs spontanés ou liés au bien-être. Cela vous permet de répondre à vos besoins émotionnels sans culpabiliser.

2. Méthode des enveloppes

Divisez vos revenus en enveloppes (physiques ou virtuelles) dédiées à différents objectifs : loisirs, épargne, besoins essentiels, projets personnels.

3. Règle des 50-30-20

Attribuez 50 % de vos revenus aux besoins essentiels, 30 % aux envies personnelles, et 20 % à l'épargne ou au remboursement de dettes. Cette méthode simple structure vos finances tout en laissant de la place pour les émotions.

4. Moments de gratitude

Chaque semaine, prenez un moment pour reconnaître les réalisations permises par votre gestion financière. Cette pratique renforce votre motivation et réduit le stress.

5. Prévoir l'imprévu

Réservez une somme mensuelle pour des dépenses imprévues. Cela réduit les achats impulsifs majeurs tout en offrant une flexibilité émotionnelle.

Pourquoi cet équilibre améliore la satisfaction globale ?

Quand finances et émotions s'alignent, chaque décision prend une signification. Cet équilibre crée une boucle vertueuse : une gestion financière cohérente réduit le stress, ce qui mène à des choix plus réfléchis, renforçant encore la sérénité.

Prenons l'exemple d'Élodie, mère célibataire. Grâce à une approche équilibrée, elle a réussi à épargner pour les études de sa fille tout en s'accordant des moments de bien-être. Cette gestion a non seulement amélioré sa stabilité financière, mais elle lui a aussi apporté une paix intérieure.

À la fin, l'argent, lorsqu'il est utilisé de manière équilibrée, devient un outil de sérénité, et non une source de stress. Apprendre à écouter ses émotions sans les laisser dominer ses décisions permet de développer une relation apaisée avec ses finances.

Cet équilibre, ce n'est pas qu'une question de chiffres : c'est une philosophie de vie qui nous rapproche de ce qui compte vraiment.

8.5 : Résilience Financière et Éducation : Les Piliers d'une Gestion Équilibrée

La vie est pleine de hauts et de bas, et l'argent ne fait pas exception. Que ce soit une perte d'emploi, une crise économique, ou un investissement qui tourne mal, les imprévus financiers peuvent chambouler notre équilibre. Pourtant, certaines personnes semblent traverser ces tempêtes avec une sérénité et une détermination étonnantes. Leur secret ? La résilience financière.

Cultiver la résilience financière

La résilience financière, c'est cette capacité à se relever après un revers économique, à rebondir face à l'adversité et à transformer les défis en opportunités. Elle repose sur plusieurs piliers : une gestion prudente, une vision à long terme, et un mental solide face aux imprévus.

Prenons l'exemple d'Aline, une entrepreneure qui a vu son entreprise de restauration fermer brutalement lors de la crise sanitaire. Plutôt que de se laisser abattre, elle a utilisé ses économies pour se réorienter. Grâce à ses compétences en cuisine, elle a lancé une activité de traiteur en ligne, qui a prospéré rapidement. Ce qui a sauvé Aline, ce n'était pas seulement son talent, mais sa capacité à prévoir l'imprévu : un fonds d'urgence, des connaissances en gestion financière, et une mentalité de combattante.

Conseils pour développer cette résilience :

1. Créer un fonds d'urgence : Avoir l'équivalent de 3 à 6 mois de dépenses essentielles peut faire toute la différence.

2. Diversifier ses revenus : Ne pas mettre tous ses œufs dans le même panier est une stratégie clé pour limiter les risques.

3. Apprendre à s'adapter : La flexibilité face aux changements économiques est cruciale. Repenser ses priorités, réduire ses dépenses, ou se reconvertir sont des moyens de garder la tête hors de l'eau.

L'importance de l'éducation financière

On dit souvent que l'argent ne s'apprend pas à l'école, et pourtant, c'est une des compétences les plus essentielles pour la vie. Comprendre comment gérer ses finances, épargner, investir ou même simplement éviter les pièges du crédit, est une arme puissante pour éviter les erreurs coûteuses.

Dans certaines régions du monde, l'éducation financière fait partie intégrante du programme scolaire. En Finlande, par exemple, les élèves apprennent dès le collège à gérer un budget fictif. Cette initiation leur donne des bases solides pour comprendre la valeur de l'argent et l'impact de leurs choix financiers.

À l'inverse, dans d'autres pays, l'éducation financière reste absente, ce qui pousse beaucoup de jeunes adultes à naviguer à tâtons une fois qu'ils gagnent leurs premiers revenus. C'est là qu'interviennent des outils comme les applications de gestion budgétaire ou les ateliers communautaires, qui jouent un rôle crucial pour combler ce manque.

Des exemples inspirants

L'histoire de Julien et la leçon des erreurs passées

Julien, 40 ans, avait accumulé des dettes importantes après une série de mauvaises décisions : crédit à la consommation, achats impulsifs, et absence d'épargne. Lorsqu'il a touché le fond, il a décidé de reprendre les choses en main. Grâce à des livres sur la gestion financière et des vidéos en ligne, il a appris à budgétiser, rembourser ses dettes, et même investir. Aujourd'hui, Julien partage son parcours pour inspirer les autres à éviter les mêmes pièges.

Une école en Inde qui révolutionne l'éducation financière

À Mumbai, une initiative appelée "Money Matters" propose des ateliers pour enfants dès l'âge de 10 ans. Ces cours enseignent non seulement les bases de la gestion de l'argent, mais aussi des concepts comme l'épargne, les intérêts composés, et la responsabilité sociale. Les résultats sont impressionnants : les élèves, même issus de milieux modestes, développent une relation saine et proactive avec l'argent.

Aligner résilience et éducation sur ses valeurs

Développer sa résilience financière et s'éduquer, c'est aussi une question de valeurs. Pourquoi épargner ? Pourquoi investir ? Ces questions trouvent leurs réponses dans nos aspirations personnelles : offrir une vie meilleure à nos enfants, soutenir une cause qui nous tient à cœur, ou simplement vivre sans stress financier.

Les personnes qui alignent leurs décisions financières sur leurs valeurs personnelles sont non seulement plus résilientes, mais aussi plus satisfaites. Elles ne se contentent pas de survivre aux crises ; elles en ressortent plus fortes, avec une vision plus claire de leurs priorités.

Un appel à l'action

Renforcer sa résilience financière et s'éduquer, c'est investir dans son avenir. Ce n'est pas seulement une question de chiffres ou de budget, mais une démarche globale pour vivre une vie plus stable, plus équilibrée, et plus épanouissante.

Pour chacun de nous, le chemin commence ici : identifier ses faiblesses, se fixer des objectifs concrets, et se former pour devenir maître de son destin financier. Car en fin de compte, l'argent, comme la vie, est une aventure à laquelle on peut toujours mieux se préparer.

À travers les concepts de résilience financière et d'éducation, nous avons vu que la gestion de l'argent dépasse largement les simples questions de calculs ou de stratégies. C'est une démarche holistique, où la stabilité émotionnelle, la connaissance et les valeurs personnelles se rejoignent pour créer un équilibre durable.

Mais cet équilibre, bien qu'essentiel, reste fragile. Il nécessite un effort constant, une remise en question régulière, et une capacité à s'adapter aux défis que la vie nous impose. Ce que révèle cette réflexion, c'est que l'argent, loin d'être un simple outil, devient un miroir de nos priorités, de notre capacité à nous réinventer, et surtout, de notre rapport à nous-mêmes.

Chapitre 9 : Stratégies de Renouveau Financier

Et si on arrêtait de voir l'argent comme un simple problème à résoudre ou un outil à maîtriser ? Et si, au lieu de ça, on le voyait comme une chance de tout réinventer, de poser un nouveau regard sur nos choix financiers, mais aussi sur nous-mêmes ? C'est l'idée derrière ce chapitre : aller au-delà des théories pour explorer des solutions concrètes, adaptées à la vraie vie.

Ici, il n'est pas question de devenir un expert-comptable ou un investisseur chevronné. On parle de retrouver un équilibre, de construire une relation apaisée et audacieuse avec l'argent. Que ce soit en apprenant à mieux gérer les imprévus, à réconcilier plaisir et épargne, ou encore à repenser ce que signifie vraiment être riche, ces stratégies ont un but simple : vous redonner les rênes.

C'est le moment de passer à l'action. Pas avec des solutions toutes faites, mais avec des outils qui s'adaptent à votre histoire, vos besoins et vos rêves. Parce que l'argent ne devrait jamais être une chaîne, mais un tremplin.

9.1 : Une Réserve Émotionnelle d'Argent

L'argent n'est pas juste une question de chiffres. Pour beaucoup, il touche directement aux émotions, et souvent, ces émotions sont synonymes de stress, d'anxiété, voire de peur. Face à un imprévu, une facture inattendue ou un simple retard de salaire, le poids mental peut être aussi lourd, sinon plus, que le poids financier. Alors, pourquoi ne pas créer un espace dédié pour répondre à ces situations, une sorte de "coussin émotionnel" en matière d'argent ?

Une idée différente : pourquoi une réserve émotionnelle ?

Contrairement au traditionnel fonds d'urgence, qui sert à couvrir les obligations financières majeures (pensez aux grosses réparations ou aux accidents de la vie), la réserve émotionnelle a une vocation plus intime : elle est là pour réduire le stress psychologique. C'est une somme que vous mettez de côté, spécifiquement pour faire face aux imprévus qui, bien qu'ils ne menacent pas directement votre sécurité financière, pèsent sur votre tranquillité d'esprit.

L'idée ici, c'est de désamorcer ces moments où une petite dépense imprévue peut provoquer une cascade de pensées négatives : "Encore une tuile !" ou "Je n'y arriverai jamais". Cette réserve devient un filet de sécurité pour votre mental, un espace où vous pouvez puiser sans culpabilité, simplement pour retrouver un peu de sérénité.

Comment cela fonctionne-t-il ?

Créer une réserve émotionnelle, ce n'est pas sorcier, mais cela demande une certaine discipline et un état d'esprit différent. Voici les étapes clés :

1. Définir le montant de départ : Combien faut-il pour commencer ? Pas besoin de viser les étoiles. Vous pouvez commencer avec 50 ou 100 euros, puis l'alimenter régulièrement, selon vos possibilités. L'essentiel, c'est de démarrer.

2. Choisir un objectif clair : Cette réserve doit être utilisée uniquement dans des moments précis, comme une facture de dernière minute ou un cadeau d'anniversaire oublié. Ce n'est pas un fonds pour les vacances ni pour les grosses urgences, mais pour des besoins ponctuels qui impactent votre paix intérieure.

3. Créer une séparation psychologique : Pour que cette réserve fonctionne, il est crucial de la distinguer de vos autres comptes. Utilisez un compte épargne séparé ou même une enveloppe physique si cela vous aide.

4. Établir une routine d'alimentation : Chaque mois, mettez-y une petite somme, même symbolique. En nourrissant cette réserve régulièrement, vous renforcez votre sentiment de contrôle sur votre vie financière.

L'histoire inspirante de Mathilde

Prenons l'exemple de Mathilde. Cette jeune trentenaire, qui travaille dans l'événementiel, avait un rapport compliqué avec l'argent. À chaque imprévu, elle paniquait. Une crevaison, une fuite dans sa salle de bain, ou même un ticket de parking perdu suffisaient à déclencher une spirale d'anxiété. Mathilde avait l'impression d'être constamment au bord du gouffre, même si ses finances étaient stables.

Sur les conseils d'un ami, elle a décidé de créer ce qu'elle appelle son "coussin de paix". Elle a commencé modestement, avec 20 euros qu'elle ajoutait chaque mois. Quelques mois plus tard, une situation s'est présentée : un pneu crevé à remplacer en urgence. Plutôt que de céder à la panique habituelle, Mathilde a simplement puisé dans son coussin de paix. Résultat : elle a payé sans stress et a pu reprendre sa journée avec le sourire.

"Ce n'est pas la somme qui compte", dit-elle, "mais le fait de savoir que cet argent est là, juste pour moi, pour m'apaiser."

Les bénéfices d'une réserve émotionnelle

Mettre en place une telle réserve peut sembler anodin, mais ses effets dépassent largement le simple fait d'avoir quelques euros de côté.

1. Apaisement mental : Savoir qu'on a une petite marge de manœuvre permet de désamorcer le stress avant qu'il ne s'installe.

2. Moins de culpabilité : Puiser dans une réserve émotionnelle pensée pour cela enlève toute culpabilité liée aux dépenses imprévues.

3. Meilleure gestion des émotions : Vous développez une résilience émotionnelle en sachant que vous avez un outil concret pour gérer les petits aléas de la vie.

4. Renforcement de la confiance en soi : Créer et utiliser cette réserve vous donne un sentiment de maîtrise, même dans des situations inattendues.

Et si tout le monde s'y mettait ?

Imaginons un instant que cette pratique soit enseignée dès le plus jeune âge. Que chaque adolescent, en apprenant les bases de la gestion financière, découvre l'importance de prendre soin de son bien-être mental avec une réserve émotionnelle. Ce serait un vrai changement de paradigme, où l'argent ne serait plus seulement un outil de transaction, mais aussi un levier pour le bien-être psychologique.

Quelques conseils pour bien démarrer

Si l'idée vous séduit, voici quelques astuces pour l'adopter sans difficulté :

- Utilisez les arrondis : De nombreuses applications bancaires permettent d'arrondir vos dépenses au prochain euro et de mettre la différence de côté. Cette méthode est parfaite pour alimenter discrètement votre réserve.
- Fixez des règles claires : Écrivez sur un papier ou dans une note les situations où vous avez le droit de puiser dans votre réserve. Cela évite les tentations et garde l'objectif intact.
- Célébrez vos progrès : Chaque fois que vous utilisez cette réserve pour gérer un imprévu, félicitez-vous. Cela renforce l'idée que vous prenez soin de vous et de vos émotions.

Pourquoi cette approche est différente ?

Beaucoup de conseils financiers traditionnels insistent sur l'importance d'un fonds d'urgence, mais peu prennent en compte l'impact émotionnel des imprévus. Avec une réserve émotionnelle, vous ne cherchez pas seulement à payer vos factures, mais à préserver votre sérénité. Cette approche, à la fois simple et innovante, transforme la manière dont vous voyez et utilisez l'argent.

Alors, êtes-vous prêt à construire votre propre coussin de paix ?

9.2 : Réduire les Stimuli Financiers

On vit dans un monde où les chiffres nous pourchassent, que ce soit dans nos notifications bancaires, les actualités économiques, ou les rappels constants des deadlines. Cette surdose d'informations financières peut rapidement provoquer un stress chronique qu'on ne voit même plus venir. Et si on décidait de reprendre le contrôle en réduisant volontairement ces stimuli ?

Pourquoi limiter l'exposition financière ?

Imaginez-vous en train de recevoir, toutes les heures, une notification qui vous dit que votre compte est descendu de quelques euros à cause d'un abonnement. Ou pire, une alerte vous informant d'un débit que vous aviez déjà anticipé, mais qui vous rappelle que vos dépenses s'accumulent. Ces micro-stimuli, bien qu'apparemment inoffensifs, contribuent à alimenter une anxiété sous-jacente.

L'idée ici, c'est de redéfinir votre relation avec ces chiffres omniprésents. L'objectif ? Arrêter de les laisser dicter vos émotions quotidiennes. En fixant des limites claires et en choisissant des moments spécifiques pour gérer vos finances, vous pouvez réduire significativement ce que j'appelle le "bruit financier".

Comment mettre en place cette méthode ?

1. Désactiver les notifications bancaires non essentielles

Les applications bancaires et les services de gestion financière envoient constamment des alertes. Bien qu'elles soient utiles pour surveiller vos finances, elles deviennent rapidement intrusives. Prenez le temps de filtrer ce qui est vraiment nécessaire :

- Laissez actives les notifications importantes, comme les alertes de dépassement de budget ou les transactions inhabituelles.
- Désactivez celles qui vous rappellent chaque petit mouvement financier.

2. Planifiez des jours dédiés aux finances

Au lieu de vérifier vos comptes tous les jours, fixez un moment précis chaque semaine pour passer en revue vos finances. Par exemple, le vendredi après-midi ou le dimanche soir peut être un bon choix. Cela crée une habitude saine et vous libère du stress constant lié à vos dépenses.

3. Réduisez l'exposition aux actualités financières anxiogènes

Les médias économiques regorgent de titres alarmants sur les récessions, les hausses des prix ou les crises financières. Bien que ces informations soient parfois importantes, elles ne doivent pas occuper une place excessive dans votre quotidien.

- Limitez votre consommation à une ou deux sources fiables.
- Ne consultez ces informations qu'une fois par semaine, comme pour vos finances personnelles.

4. Établissez un rituel de déconnexion financière

Pour désamorcer le stress lié à l'argent, créez un rituel qui marque la fin de vos activités financières. Par exemple, après avoir vérifié vos comptes ou réglé vos factures, prenez 10 minutes pour méditer, marcher ou écouter de la musique apaisante. Ce geste simple vous aide à séparer vos finances de votre bien-être émotionnel.

Exemple inspirant : l'histoire de Thomas

Thomas, entrepreneur dans le secteur du numérique, était constamment bombardé de chiffres. Entre les relevés de ventes, les dépenses publicitaires et les alertes bancaires, il se sentait submergé. Chaque matin, dès qu'il ouvrait les yeux, il tombait sur des notifications lui rappelant combien il devait encore gagner pour atteindre ses objectifs du mois.

Un jour, après une discussion avec un mentor, Thomas a décidé de changer d'approche. Il a désactivé toutes les notifications non urgentes et a réservé son vendredi matin pour passer en revue ses finances personnelles et professionnelles. Les autres jours de la semaine, il se concentrait uniquement sur ses projets sans se laisser distraire par les chiffres.

Les résultats ? Une réduction significative de son stress, une meilleure concentration sur ses objectifs à long terme, et surtout, une relation plus sereine avec l'argent. "J'ai arrêté de courir après les chiffres. Maintenant, je les gère à mon rythme", dit-il.

Les bienfaits de cette approche

Adopter cette méthode ne signifie pas ignorer vos finances, bien au contraire. Cela vous permet de :

- **Retrouver votre sérénité mentale** : Vous n'êtes plus esclave des alertes constantes.
- **Améliorer votre gestion du temps** : En regroupant vos activités financières sur des moments précis, vous libérez de l'espace pour d'autres priorités.

- **Développer une relation plus équilibrée avec l'argent** : Vous ne le percevez plus comme une source permanente de pression, mais comme un outil à gérer intelligemment.

Quelques astuces pour aller plus loin

- Créer un tableau de bord hebdomadaire : Regroupez vos principales données financières dans un document simple, que vous mettez à jour une fois par semaine. Cela vous permet d'avoir une vue d'ensemble sans être constamment distrait par les détails.
- **Utiliser la méthode des "3 P"** : Prioriser, Planifier, Pauser
  - **Prioriser** : Identifiez les aspects financiers qui méritent vraiment votre attention.
  - **Planifier** : Fixez des créneaux dédiés pour gérer ces aspects.
  - **Pauser** : Prenez du recul dès que vous sentez que l'argent envahit vos pensées.
- **Communiquer votre méthode à vos proches** : Si vous vivez en couple ou en famille, expliquez cette approche pour éviter les malentendus. Par exemple, si vous vérifiez vos finances seulement le vendredi, assurez-vous que vos proches savent que les discussions financières peuvent attendre ce moment.

Pourquoi cette stratégie est essentielle ?

Dans un monde hyperconnecté, réduire les stimuli financiers, c'est se réapproprier son temps, son énergie et son bien-être. Cette méthode, bien qu'apparemment simple, peut transformer votre quotidien en limitant les sources d'anxiété liées à l'argent. Ce n'est pas une fuite de vos responsabilités, mais une manière plus saine et intentionnelle de les aborder.

Vous n'avez pas besoin de tout contrôler à chaque instant. En choisissant de limiter votre exposition et en adoptant des rituels réguliers, vous gagnez non seulement en sérénité, mais aussi en efficacité.

Et si vous faisiez le premier pas aujourd'hui ? Désactivez une notification bancaire, planifiez votre prochain rendez-vous avec vos finances, et ressentez la différence.

9.3 : Une Approche Holistique de la Richesse

Quand on parle de richesse, on pense souvent à l'argent, aux biens matériels ou aux investissements. Mais si je vous disais que la richesse va bien au-delà des chiffres sur un compte bancaire ? Et si on redéfinissait ce concept en intégrant tout ce qui enrichit réellement notre vie : nos relations, nos talents, notre bien-être ? C'est exactement ce que propose l'approche holistique de la richesse.

Les richesses invisibles : un trésor souvent oublié

La société moderne met un tel accent sur l'argent qu'elle nous fait parfois oublier ce qui compte vraiment. Les richesses invisibles, ce sont ces éléments immatériels qui contribuent directement à notre bonheur et à notre épanouissement, mais qui ne se mesurent pas en euros ou en dollars.

Ces richesses peuvent inclure :

- Des relations solides et enrichissantes (famille, amis, mentors).
- Des talents ou des compétences uniques qui nous ouvrent des opportunités.
- Une bonne santé, un esprit apaisé ou une résilience face aux défis.
- Un réseau professionnel ou social qui peut nous soutenir dans nos projets.

- La capacité à profiter des plaisirs simples de la vie, comme un coucher de soleil ou un bon repas.

L'idée ici, c'est de changer de perspective : au lieu de se focaliser uniquement sur ce qu'on possède, on s'attarde sur ce qui nous rend vraiment riches intérieurement.

Comment identifier vos richesses invisibles ?

1. Prenez un moment pour réfléchir

Asseyez-vous avec un carnet et une tasse de thé, et posez-vous cette question : « Qu'est-ce qui m'apporte un vrai sentiment de richesse dans ma vie ? » Listez tout ce qui vous vient à l'esprit, sans filtre.

2. Classez vos richesses en catégories

Vous pouvez organiser vos réponses en thèmes, comme :

- Relations (amis, famille, collègues).
- Capacités personnelles (compétences, talents, expériences).
- Ressources internes (santé mentale, résilience, optimisme).

3. Identifiez vos leviers cachés

Parmi ces richesses, lesquelles pourraient vous aider à avancer dans vos projets ou à surmonter des défis ? Peut-être avez-vous un ami qui excelle dans un domaine où vous avez besoin d'aide, ou un talent que vous pourriez mieux exploiter.

Exemple inspirant : L'histoire de Julien

Julien, un jeune entrepreneur en quête de succès, avait longtemps cru que sa richesse se mesurait uniquement à travers ses économies et ses investissements. Mais après plusieurs mois de stress intense et de solitude, il s'est rendu compte qu'il passait à côté d'une ressource précieuse : son réseau d'amis.

En discutant avec un coach, Julien a décidé de créer une liste de ses "richesses invisibles". Il y a noté ses compétences en communication, son cercle d'amis fidèles et son expérience dans l'organisation d'événements. En revisitant cette liste, il a eu une révélation : ces atouts étaient bien plus utiles à ses projets que tout l'argent qu'il avait économisé.

Quelques semaines plus tard, Julien a mobilisé ses amis pour co-créer un projet entrepreneurial. Ce partenariat lui a non seulement permis de réussir financièrement, mais aussi de retrouver un équilibre émotionnel qu'il avait perdu.

Pourquoi cette approche est essentielle ?

Adopter une vision holistique de la richesse, c'est se libérer de la pression constante d'accumuler toujours plus d'argent. Cela permet de :

- Réduire l'anxiété liée à l'argent : En reconnaissant que votre richesse ne dépend pas uniquement de vos finances, vous pouvez mieux gérer vos émotions face à l'incertitude.
- Renforcer vos relations : En valorisant vos connexions sociales, vous investissez dans un réseau de soutien qui vous aidera dans les moments difficiles.
- Accéder à des opportunités : Vos talents et vos relations peuvent ouvrir des portes que l'argent seul ne peut pas franchir.

Comment intégrer cette vision dans votre vie ?

1. Pratiquez la gratitude quotidienne

Chaque soir, notez trois choses pour lesquelles vous êtes reconnaissant. Cela vous aidera à valoriser vos richesses invisibles et à réduire votre obsession pour les aspects matériels.

2. Investissez dans vos relations

Prenez le temps d'entretenir vos amitiés et vos liens familiaux. Un simple appel ou une sortie improvisée peut renforcer ces connexions essentielles.

3. Utilisez vos talents

Identifiez une compétence ou une passion que vous pourriez développer davantage. Cela pourrait être un hobby, une compétence professionnelle ou même un projet personnel.

4. Faites une pause dans la course matérielle

Pendant une semaine, essayez de vivre sans penser à l'argent comme une priorité. Concentrez-vous sur vos relations, vos passions et votre bien-être. Vous serez surpris de voir à quel point cela peut être libérateur.

Une nouvelle définition de la richesse

En élargissant votre vision de la richesse pour inclure des éléments immatériels, vous ouvrez la porte à une vie plus épanouissante. Cette approche ne rejette pas l'importance de l'argent, mais elle lui redonne sa juste place : celle d'un outil au service de vos véritables priorités.

Vos richesses invisibles, elles, sont là pour vous rappeler que vous avez déjà bien plus que ce que vous pensez. Et souvent, ce sont ces trésors cachés qui font toute la différence.

9.4 : Le Mini-Budget Émotionnel

Quand on parle de budget, on pense souvent à l'épargne, aux factures ou aux investissements, mais rarement au plaisir. Et pourtant, l'argent, c'est aussi fait pour vivre, profiter et savourer. Le mini-budget émotionnel, c'est cette petite somme, bien définie et totalement assumée, que vous allouez chaque mois pour des plaisirs immédiats. Une stratégie qui, loin de nuire à vos finances, peut booster votre moral et maintenir votre motivation pour vos grands objectifs.

Pourquoi un mini-budget émotionnel est une révolution dans la gestion financière ?

L'idée peut paraître contradictoire : pourquoi "dépenser" quand on veut épargner ou investir ? Tout simplement parce qu'un excès de privations finit souvent par provoquer des craquages. Ce mini-budget agit comme une soupape. Il vous permet de vous offrir des petits plaisirs sans culpabiliser et surtout, sans déstabiliser vos finances.

Des études en psychologie économique montrent que les gens qui se privent complètement de dépenses agréables finissent par développer une frustration intense. Cette tension, cumulée à des objectifs financiers parfois trop rigides, mène souvent à des achats impulsifs qui coûtent bien plus cher.

Le mini-budget émotionnel, c'est donc l'art de concilier plaisir et discipline. Il ne s'agit pas d'un caprice, mais d'une stratégie réfléchie qui vous permet de rester aligné avec vos objectifs financiers tout en prenant soin de votre bien-être.

Comment mettre en place un mini-budget émotionnel

- **Déterminez un montant réaliste**

  Ce budget ne doit pas mettre en péril vos priorités financières. Il peut être modeste : 20, 50 ou 100 euros selon vos moyens. L'essentiel, c'est de choisir un montant que vous pouvez dépenser sans impacter vos objectifs à long terme.

- **Identifiez ce qui vous fait vraiment plaisir**

  Prenez un moment pour réfléchir : qu'est-ce qui vous rend heureux ? Est-ce un bon repas, un moment de détente, un petit cadeau pour vous-même ou une activité créative ? L'idée, c'est d'utiliser ce budget pour des plaisirs qui ont du sens pour vous.

- **Planifiez vos dépenses**

  Une fois votre budget défini, planifiez son utilisation. Cela évite les dépenses impulsives et vous permet de profiter pleinement de vos choix.

- **Tenez un journal de vos plaisirs**

  Notez chaque dépense liée à ce budget, pas pour vous surveiller, mais pour vous rappeler à quel point ces moments vous apportent de la joie.

Exemple pratique : Sophie et son budget bonheur

Prenons l'exemple de Sophie, une jeune cadre débordée par ses responsabilités professionnelles. Avant de découvrir le mini-budget émotionnel, Sophie avait tendance à se priver pour épargner un maximum. Résultat ? Elle se sentait frustrée, fatiguée, et finissait par craquer pour des achats impulsifs beaucoup trop chers.

En mettant en place un mini-budget de 50 euros par mois, Sophie a transformé sa relation à l'argent. Elle l'a utilisé pour s'offrir des moments simples mais précieux : un café avec une amie, un bouquet de fleurs pour égayer son salon, ou encore un atelier de peinture. Ces petits plaisirs l'ont aidée à mieux gérer son stress, à maintenir sa motivation au travail, et à rester fidèle à ses objectifs financiers.

Les bienfaits d'un mini-budget émotionnel

1. Réduction du stress financier

Quand vous savez que vous avez une somme dédiée au plaisir, vous évitez la culpabilité associée à des dépenses imprévues ou impulsives.

2. Augmentation de la satisfaction globale

Ces petits moments de bonheur vous rappellent que l'argent, même dans des périodes de discipline stricte, est aussi là pour améliorer votre qualité de vie.

3. Meilleure gestion des finances à long terme

En intégrant ce budget, vous évitez les frustrations et les craquages coûteux. Vous développez une relation plus saine avec vos finances.

4. Renforcement de la discipline financière

Curieusement, s'autoriser de petits plaisirs peut rendre plus facile le respect de vos autres budgets, comme l'épargne ou les investissements.

Adapter ce concept à différentes situations

- Pour les familles : Ce budget peut être utilisé pour une sortie en famille, comme un pique-nique ou une séance de cinéma. Cela renforce les liens tout en respectant vos finances.
- Pour les entrepreneurs : Utilisez ce budget pour des moments de déconnexion, comme un massage ou un atelier créatif, pour recharger vos batteries et retrouver votre créativité.
- Pour les étudiants : Même avec un budget serré, allouer 10 ou 20 euros à un plaisir personnel peut vous aider à rester motivé dans vos études.

Quelques idées pour utiliser votre mini-budget

- Un bon repas dans un restaurant cosy.
- Une nouvelle plante ou décoration pour votre maison.
- Une séance de cinéma ou un spectacle.
- Un livre ou un magazine inspirant.
- Une sortie en plein air, comme une journée au parc ou une randonnée avec des amis.

Repenser votre rapport à l'argent à travers le plaisir

Le mini-budget émotionnel n'est pas qu'une stratégie financière, c'est une manière de repenser votre relation à l'argent. En intégrant le plaisir dans votre gestion financière, vous vous rappelez que l'argent est un outil pour vivre et non une source de stress constante.

Et n'oubliez pas : ces petits moments de bonheur, bien que modestes, ont un impact énorme sur votre moral et votre équilibre émotionnel. Ils vous permettent de rester motivé, de profiter du chemin autant que de la destination, et de vivre une vie en accord avec vos valeurs.

9.5 : Cultiver une Relation Positive avec l'Argent à Travers l'Art

L'argent, on en parle souvent avec sérieux, parfois même avec un soupçon d'angoisse. Mais si on changeait d'angle pour le regarder autrement ? L'idée ici, c'est d'utiliser l'art comme une passerelle vers une relation plus positive, plus personnelle avec l'argent. Que ce soit à travers le dessin, l'écriture ou même un tableau visionnaire, transformer vos aspirations financières en projets créatifs peut changer votre perception de l'argent et, surtout, la rendre bien plus légère et motivante.

Pourquoi l'art peut changer votre rapport à l'argent ?

L'art a ce pouvoir unique de transformer des concepts abstraits en quelque chose de tangible et de beau. Il permet de mettre en lumière vos pensées, vos peurs, et vos espoirs. Quand il s'agit d'argent, utiliser des outils artistiques peut vous aider à explorer vos croyances limitantes et à visualiser des objectifs qui résonnent vraiment avec vous. En mêlant créativité et finances, vous invitez une nouvelle énergie dans votre gestion financière, loin des tableaux Excel froids ou des calculs stressants.

Une étude publiée dans « **The Journal of Positive Psychology** » montre que les activités artistiques réduisent le stress et augmentent la satisfaction émotionnelle. Appliquer cette approche à votre gestion financière peut transformer une tâche souvent perçue comme lourde en une activité enrichissante et pleine de sens.

Le tableau visionnaire : dessinez votre relation avec l'argent

Le tableau visionnaire, ou vision board, est une méthode simple mais puissante pour visualiser vos objectifs financiers. Prenez une grande feuille ou un panneau et remplissez-le de dessins, de photos découpées dans des magazines ou même de mots inspirants. L'idée, c'est de représenter visuellement ce que vous voulez accomplir avec votre argent, qu'il s'agisse de voyages, d'une maison ou même de la liberté de travailler moins.

Exemple inspirant : le mur des rêves d'une famille

Une famille a décidé de créer un "mur des rêves" dans leur salon. Chaque membre y a ajouté des dessins, des phrases ou des photos représentant ses aspirations financières. Pour les enfants, c'était un vélo ou une sortie au zoo. Pour les parents, c'était épargner pour des vacances en famille. Ce projet collectif a renforcé leur motivation et créé un espace de discussion positif autour de l'argent, souvent un sujet tabou.

Écrire pour apprivoiser ses croyances financières

L'écriture peut être une autre manière de cultiver une relation positive avec l'argent. Prenez un carnet dédié et notez-y vos pensées sur vos finances. Posez-vous des questions comme :

- Qu'est-ce que l'argent représente pour moi ?
- Quelles émotions ressens-je quand je pense à mes finances ?
- Quels objectifs financiers m'apporteraient du bonheur ?

Cette pratique, proche du journal intime, vous permet de mieux comprendre vos émotions liées à l'argent et de transformer des croyances limitantes en affirmations positives. Par exemple, remplacer "Je ne suis pas bon avec l'argent" par "Je prends le contrôle de mes finances, pas à pas".

Créer pour reprogrammer ses croyances

Les activités artistiques ne se limitent pas au dessin ou à l'écriture. Pourquoi ne pas essayer de composer une chanson sur vos objectifs financiers ou de créer un collage à partir de vieux magazines ? L'idée est de rendre vos aspirations financières vivantes et agréables à explorer. Plus vous engagez vos sens dans cette démarche, plus vous intégrez vos objectifs dans votre quotidien de manière fluide.

Exemple pratique : Julien et son carnet d'inspiration

Julien, un jeune entrepreneur, se sentait perdu face à ses finances. Il a commencé à tenir un carnet d'inspiration, où il dessinait des symboles représentant ses rêves : un bateau pour les voyages, un arbre pour l'épargne à long terme, et une main tendue pour ses objectifs philanthropiques. Ce carnet l'a aidé à rester connecté à ses valeurs tout en avançant vers ses buts.

Les bienfaits d'une approche artistique de la gestion financière

1. Réduction du stress lié à l'argent

L'art permet de sortir de l'approche rationnelle et de libérer des émotions souvent enfouies. Cela allège la charge mentale associée à la gestion financière.

2. Motivation accrue pour atteindre vos objectifs

Quand vous visualisez vos rêves de manière artistique, ils deviennent plus concrets et plus motivants. Vous vous rappelez pourquoi vous faites des sacrifices ou des efforts.

3. Renforcement des liens familiaux ou collectifs

Si vous intégrez vos proches dans ce processus, vous créez un espace de partage et de compréhension mutuelle autour de l'argent.

4. Reconnexion à vos valeurs profondes

Les projets artistiques vous obligent à réfléchir à ce qui compte vraiment pour vous, au-delà des montants ou des possessions matérielles.

Intégrer l'art dans vos routines financières

- **Dessin** : Prenez une feuille et illustrez vos priorités financières. Même si vous n'êtes pas un artiste, l'idée est de donner une forme visuelle à vos pensées.
- **Collage** : Rassemblez des images ou des mots qui vous inspirent et créez un tableau représentant votre vision de la richesse.
- **Musique ou podcast** : Enregistrez des messages positifs ou des affirmations sur votre rapport à l'argent et écoutez-les régulièrement.

- **Activités en famille** : Transformez vos discussions financières en ateliers créatifs où chacun peut s'exprimer librement.

L'art, une boussole émotionnelle

Intégrer l'art dans votre relation avec l'argent, ce n'est pas juste une question de créativité, c'est une manière de redonner une dimension humaine et émotionnelle à un sujet souvent perçu comme aride. En transformant votre vision de l'argent en une œuvre vivante et inspirante, vous créez un lien plus fort entre vos aspirations, vos valeurs et vos finances.

Cette démarche vous permet de réinventer votre rapport à l'argent de manière joyeuse et personnelle, tout en restant connecté à ce qui vous motive vraiment.

9.6 : Une Journée Sans Argent

Dans une société où l'acte de dépenser est devenu presque automatique, instaurer une journée sans argent peut paraître déroutant au premier abord. Pourtant, cette pratique simple mais puissante a le potentiel de révolutionner votre rapport à la consommation. Elle vous pousse à réévaluer vos habitudes, à redécouvrir les ressources déjà disponibles et à renouer avec des plaisirs simples, souvent négligés dans la course quotidienne à la dépense.

L'idée d'une journée sans argent

L'objectif est clair : choisir une journée où vous n'effectuez aucune transaction financière, que ce soit en ligne ou en magasin. Ce n'est pas une question de privation, mais plutôt une démarche de prise de conscience. Pendant cette journée, vous apprenez à utiliser ce que vous avez déjà, que ce soit dans vos placards, votre frigo ou même vos options de divertissement.

Cette pratique peut également révéler des aspects insoupçonnés de votre consommation. Par exemple, combien de fois avez-vous dépensé par automatisme, sans réellement en avoir besoin ? En freinant ce réflexe, vous créez de l'espace pour réfléchir à ce qui compte vraiment.

Pourquoi c'est pertinent aujourd'hui ?

Dans un monde saturé de publicités et de promotions, nos envies sont souvent confondues avec des besoins. Une journée sans argent agit comme une pause salutaire pour rétablir cette distinction. Elle nous oblige à nous poser des questions : « Ai-je vraiment besoin de ce produit ? » ou encore « Quels sont les plaisirs gratuits que j'ignore ? »

De plus, cette pratique favorise la résilience financière. En apprenant à vivre sans dépendre de l'argent, même pour une courte période, vous renforcez votre capacité à faire face à des imprévus ou à des périodes économiquement difficiles. Cela vous reconnecte également à des valeurs fondamentales comme la gratitude et la simplicité.

Comment organiser votre journée sans argent ?

1. Planifiez-la à l'avance

Choisissez une journée où vos obligations financières sont limitées. Évitez les jours où vous devez remplir le réservoir de la voiture ou faire des courses importantes. Une planification préalable vous évitera les frustrations.

2. Utilisez vos ressources existantes

Ouvrez vos placards et votre frigo pour planifier les repas de la journée. C'est l'occasion de faire preuve de créativité en cuisinant avec ce que vous avez sous la main. Côté activités, privilégiez les balades, les jeux de société ou la lecture.

3. Impliquez vos proches

Transformez cette journée en défi collectif. Si vous vivez en couple ou en famille, invitez vos proches à participer. Cela peut renforcer les liens et initier des discussions intéressantes sur la gestion de l'argent et des ressources.

4. Gardez une trace de vos ressentis

Notez ce que vous avez ressenti pendant cette journée. Était-ce frustrant, enrichissant, ou un mélange des deux ? Ces observations peuvent vous aider à mieux comprendre vos habitudes de consommation et à ajuster votre rapport à l'argent.

Exemple inspirant : Le couple Martin

Le couple Martin, parents de deux enfants, a décidé d'intégrer une journée sans argent chaque semaine. Au départ, cela leur semblait un peu contraignant. Mais rapidement, ils ont découvert que cette pratique simplifiait leur quotidien et resserrait les liens familiaux.

Un samedi, au lieu de sortir au restaurant comme ils le faisaient habituellement, ils ont préparé un pique-nique avec des restes du frigo et sont partis en randonnée dans un parc local. Les enfants ont adoré l'idée, et le couple a réalisé qu'ils avaient économisé non seulement de l'argent, mais aussi du stress.

En trois mois, leur budget de loisirs avait diminué de 15 %, sans qu'ils aient l'impression de sacrifier quoi que ce soit. Cette habitude leur a aussi permis de redécouvrir le plaisir de passer du temps ensemble, loin des centres commerciaux ou des écrans.

Les bénéfices d'une journée sans argent

1. Moins de stress financier

Prendre une pause dans vos dépenses vous libère du poids psychologique associé à l'argent. Cela vous donne aussi l'opportunité de voir que vous avez souvent déjà tout ce dont vous avez besoin.

2. Un retour à l'essentiel

Cette journée met en lumière des plaisirs simples et accessibles : cuisiner, marcher, ou discuter. Elle rappelle que la richesse ne se limite pas à ce qui s'achète.

3. Un impact écologique

En limitant vos consommations, vous réduisez aussi votre empreinte écologique. C'est une manière de contribuer, à votre échelle, à un mode de vie plus durable.

4. Un sentiment d'accomplissement

Chaque journée sans argent est une petite victoire personnelle. Elle vous prouve que vous pouvez être créatif et vous adapter sans recourir systématiquement à votre porte-monnaie.

Comment aller plus loin ?

Une journée sans argent est un point de départ. Si cette pratique vous plaît, pourquoi ne pas l'étendre à d'autres aspects de votre vie ? Par exemple :

- **Une semaine sans achats en ligne** : Limitez vos dépenses numériques et évaluez si elles sont vraiment nécessaires.
- **Un mois sans restaurant** : Préparez vos repas à la maison et réservez l'argent économisé pour un projet qui vous tient à cœur.

Ces défis ne visent pas à vous priver, mais à vous donner un nouveau regard sur vos choix financiers et vos priorités.

L'argent comme outil, pas comme nécessité constante

En instaurant régulièrement des journées sans argent, vous apprenez à vivre différemment. Vous prenez conscience que l'argent, bien qu'important, n'est pas indispensable pour passer une belle journée ou créer des souvenirs précieux. Cette démarche change subtilement votre rapport à la consommation, en mettant en avant ce que vous avez déjà plutôt que ce que vous pourriez acheter.

C'est une manière de reprendre le contrôle, de ralentir dans une société où tout va trop vite, et de trouver un équilibre entre vos besoins réels et vos envies.

Pour conclure, l'argent peut être une source de stress, mais il peut aussi devenir un allié puissant quand on apprend à l'aborder autrement. Les stratégies évoquées dans ce chapitre ne sont pas des règles rigides, mais des invitations à repenser votre quotidien. Elles vous encouragent à introduire des habitudes simples, mais profondes, qui reconnectent votre gestion financière à votre bien-être émotionnel.

Chaque geste, qu'il s'agisse de consacrer un moment à vos "richesses invisibles" ou de réinventer une journée sans dépenses, n'est pas qu'une solution pratique. C'est une démarche pour redécouvrir la liberté et la sérénité dans votre rapport à l'argent. Parce que, au fond, l'essentiel n'est pas ce que vous possédez, mais ce que vous vivez.

Conclusion : Vers une nouvelle définition de la richesse

Au fil des pages, une vérité émerge avec force : l'argent, lorsqu'il est utilisé consciemment, peut devenir bien plus qu'un simple moyen d'échange. Il peut être un puissant levier de transformation personnelle et sociale. Mais comme tout outil, son pouvoir dépend de la manière dont nous choisissons de l'utiliser.

La transformation commence par une réflexion honnête sur notre relation à l'argent. Est-ce un fardeau ou un allié ? Un symbole de liberté ou de contrainte ? Ce livre vous invite à questionner, à réévaluer, et surtout à redéfinir votre rapport à la richesse.

Si vous deviez retenir une chose, ce serait celle-ci : la véritable richesse ne se mesure pas à ce que vous possédez, mais à ce que vous êtes et à ce que vous donnez.

Les stratégies, réflexions et outils proposés ici ne sont que le début d'un voyage plus grand. Un voyage vers un équilibre avec lequel la richesse matérielle et émotionnelle se rencontrent, où chaque décision financière reflète vos valeurs, et où l'argent, enfin, devient un serviteur et non un maître.

Prenez un moment pour faire le point. Quel est le prochain pas que vous pouvez faire pour aligner sur vos aspirations ? Cela peut être aussi simple que de réajuster votre budget ou de contribuer à une cause qui vous tient à cœur. Ces petites actions, accumulées au fil du temps, façonnent une vie alignée et pleine de sens.

Pour conclure, méditons sur ces mots :

"Ce n'est pas ce que vous possédez, mais ce que vous partagez qui vous définit vraiment."

Que cette réflexion vous accompagne et vous guide, aujourd'hui et dans chaque choix que vous ferez demain.

Épilogue : L'Art de Vivre en Harmonie avec l'Argent

L'argent n'est jamais qu'un miroir. Il reflète nos peurs, nos espoirs, nos ambitions, et parfois même nos blessures. Mais au-delà des chiffres, des bilans et des plans, il y a une vérité simple : ce que nous faisons de notre argent raconte une histoire bien plus grande, celle de la vie qu'on choisit de vivre.

Ce voyage, ce n'est pas seulement celui d'apprendre à gagner ou à dépenser. C'est surtout celui d'apprendre à voir l'argent comme un outil, un allié dans notre quête de sens. Il s'agit de trouver l'équilibre entre ce que l'on veut et ce dont on a réellement besoin, entre nos rêves les plus fous et les réalités de la vie quotidienne.

Au fil de ces pages, on a exploré des stratégies, des réflexions, des choix. On a parlé de liberté financière, de valeurs personnelles, d'investissements judicieux, mais aussi de cette quête si humaine de sérénité et d'épanouissement. Parce qu'au fond, l'argent n'est ni bon ni mauvais ; c'est l'usage qu'on en fait qui lui donne tout son sens.

Une promesse à soi-même

Peut-être qu'en refermant ce livre, vous ressentirez l'envie de faire une pause. Une pause pour regarder votre propre histoire, celle que vous écrivez au quotidien avec vos choix financiers. Sûrement que cette histoire a besoin d'un nouveau chapitre, d'un virage inattendu ou d'une révision complète. Ou probablement qu'elle est déjà sur la bonne voie, et qu'il suffit d'y mettre un peu plus de conscience, un peu plus de cœur.

Prenez cette promesse avec vous : celle de ne jamais laisser l'argent dicter votre vie, mais de toujours l'utiliser comme un moyen pour atteindre ce qui compte vraiment. Parce qu'en dernier ressort, ce n'est pas la quantité d'argent qui importe, mais la qualité de la vie qu'il permet de construire.

L'héritage qu'on laisse

Et si on allait plus loin ? Si, au-delà de notre propre bien-être, on réfléchissait à l'impact qu'on veut laisser derrière nous ? Chaque choix que l'on fait, chaque euro dépensé ou épargné, contribue à un monde plus juste ou plus déséquilibré. Alors pourquoi ne pas choisir d'utiliser notre argent pour bâtir un héritage dont on peut être fier ?

Investir dans des projets qui font une différence, soutenir des causes qui nous tiennent à cœur, ou simplement partager ce que l'on a avec ceux qui en ont besoin : ce sont là des façons de transformer l'argent en quelque chose de bien plus grand qu'un simple chiffre.

Le véritable luxe

Le véritable luxe, ce n'est pas de posséder plus. C'est de vivre avec moins de peur, plus de gratitude, et cette paix intérieure qui vient quand on sait que chaque décision, aussi petite soit-elle, est alignée sur nos valeurs. C'est d'avoir la liberté de dire oui à ce qui compte et non à ce qui ne sert plus.

En fin de compte, ce que l'on cherche tous, c'est de l'équilibre. Pas seulement financier, mais émotionnel, spirituel, humain. Et si ce livre peut servir de point de départ ou d'accompagnement dans ce cheminement, alors il a rempli sa mission.

Le reste, c'est à vous de l'écrire.

Et si l'argent n'était qu'un outil, un simple serviteur à notre service
Trop souvent, il devient un maître redoutable, dictant nos choix, nourrissan
nos peurs et fragmentant nos relations. **"La Psychologie de la Richesse
L'Argent, Serviteur, pas un Maître"** est bien plus qu'un livre sur la financ
C'est une plongée captivante dans les mécanismes psychologiques qu
influencent notre rapport à l'argent.

À travers des anecdotes puissantes, des stratégies concrètes et des exercice
pratiques, ce livre vous aide à :

- Déconstruire vos croyances limitantes sur la richesse.
- Apaiser vos angoisses financières tout en bâtissant une santé financièr
  durable.
- Aligner vos objectifs financiers sur vos valeurs personnelles pour une vi
  équilibrée.

Découvrez pourquoi vos expériences d'enfance influencent encor
aujourd'hui vos décisions financières et comment transformer l'argent en ur
véritable levier de bien-être personnel et émotionnel.

Que vous cherchiez à sortir d'un cycle d'endettement, à apprendre à investi
intelligemment ou à redonner un sens plus profond à vos finances, ce guid
pratique vous offre les clés pour atteindre une liberté psychologiqu
inestimable.

◇ **Prenez les rênes de votre richesse et faites de l'argent votre allié pou
une vie épanouissante et équilibrée.**

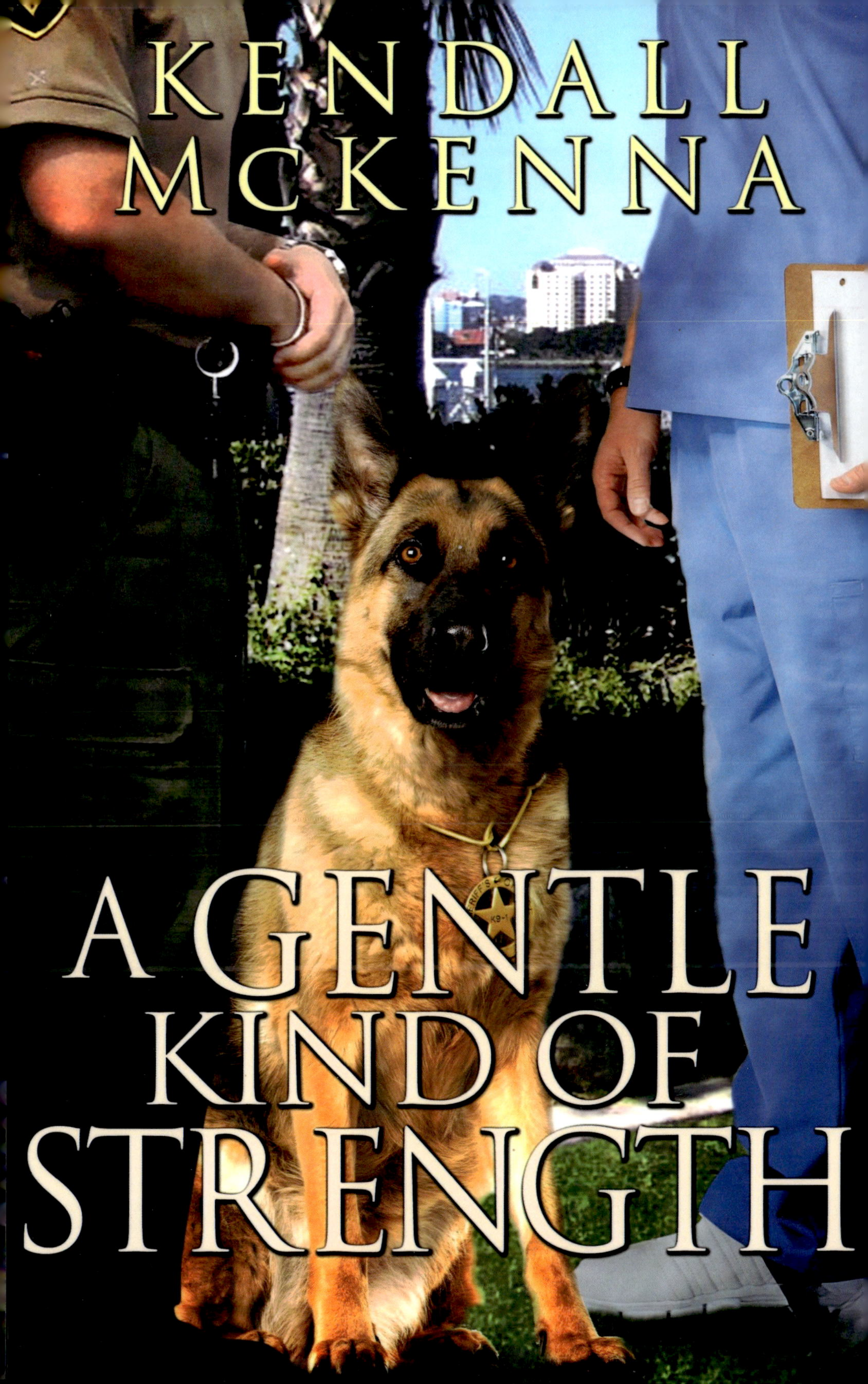

KENDALL
MCKENNA
A GENTLE
KIND OF
STRENGTH